# 概説 日本の地方自治

新藤宗幸・阿部 斉

［第2版］

東京大学出版会

Local Government in Contemporary Japan, 2nd Edition
Muneyuki SHINDO and Hitoshi ABE
University of Tokyo Press, 2006
ISBN978-4-13-032038-2

# 第二版まえがき

日本の中央政府と自治体との関係は、二〇〇〇年の地方分権一括法の施行を受けて、その制度枠組みを大きく変えようとしている。自治体の政治と行政においても、地方分権改革に向けた新たな取り組みが展開されるようになっている。もちろん、高度の集権体制のもとでの近代化の残滓が数多く存在することも事実であり、時代は地方分権の確立に向けて一直線に進むとはいえないであろう。にもかかわらず、地方分権改革が中央、自治体の政治の重要なアジェンダ（議題）として論じられているところに、時代の変化を見て取ることができよう。

この『概説　日本の地方自治〔第二版〕』は、初版と同様に自治体の職員や議員、市民運動にかかわる人々、大学で日本の地方自治について学びたいと考えている学生などのために書かれた概説書である。日本の地方自治のあり方は、自治体なる地方政府を住民に「身近な政府」として確立することにとどまらず、日本の政治行政、経済社会の構造にかかわる課題であるとともに、学問的にも重要な考察課題であるといえよう。

ところで、この本の初版を執筆したのは一九九六年であった。すでに一九九五年には地方分権推進法が制定され、地方分権推進委員会も活動を開始していた。地方分権改革への社会的気運は高まっていたが、それがいかなる方向となって実現するのかは、明確に見通すことはできなかった。初版の刊行後の二〇〇〇年には、戦後地方自治の最大の矛盾とされてきた機関委任事務制度が全廃された。個別の行政や政策分野においても、この改革を基底におきつつ、経済社会の変化を受けた新たな展開が見られるようになっている。時代の変化の速さは著者らの予測をはるかに越えるものであった。

初版の共著者である阿部斉と新藤宗幸は、二〇〇一年にその改訂を話し合い、東京大学出版会の了承を得た。だが、勤務する大学の仕事や他の執筆計画に追われるなかで改訂作業が遅れていた。そのようななかの二〇〇四年三月、阿部斉は放送大学を定年退職し、わずかにできたゆとりを利用して懸案であった心臓手術を受けた。術後の経過は順調に見えたのだが、その後急速に様態が悪化し、二〇〇四年九月、阿部斉は残念なことに逝去した。こうして、共著者二人で議論を重ねつつ改訂する機会は永遠に失われた。改訂作業は新藤が独りで行わざるを得なくなった。

この『概説 日本の地方自治〔第二版〕』の構成は、読者から評価をいただいたこともあり、章のタイトルに若干の変更を加えているが、初版と基本的に同一である。第一章から第六章までは、地方自治の歴史的展開と制度構造をとりあげている。第七章から第一四章では、それを踏まえて都市計画、コミュニティ、保健・医療、福祉、社会教育、情報公開、交通、環境といった具体的問題の分析にあてられている。最後の三章では、今日の地方自治の重要課題となっている国際化と分権化が地方自治に及ぼしている影響をとりあげている。初版まえがきに記した章別の執筆分担にも変更を加えていない。ただし、阿部斉の分担した第二章ならびに第三章については、初版刊行後の変化をもとにかなりの修正を加えている。それ以外の章については、新たに生じている事態を踏まえて加筆するとともに、データ、資料、文献などをできうる限り最新のものへと改めた。

日本の地方自治を学び議論する機会は、一昔前と比べて急速に高まっている。本書が読者の地方自治にたいする理解と関心の向上に資すことができるならば幸であり、それは阿部斉の遺志でもある。

最後に、『概説 日本の地方自治』の改訂を快く了承くださった東京大学出版会常務理事・編集局長の竹中英俊氏、この本の編集の労をとってくださった同会編集部の斉藤美潮氏と小暮明氏のそれぞれに、心からお礼を申し添えたいと思う。

二〇〇六年一月

新藤宗幸

# 初版まえがき

この本は、地方自治体の職員や議員、市民運動にかかわる人びと、大学で日本の地方自治について学びたいと考えている学生などのために書かれた概説書である。政治学専攻の課程をもつ大学の授業科目として、「地方自治論」という名称の科目が置かれていることがあるが、『概説 日本の地方自治』は、日本に重点を置いた「地方自治論」といってよいであろう。「地方自治論」が、何を、いかなる順序でとりあげるべきかについて、共通の了解があるとはいえないが、日本の地方自治に関しても事情は同じである。その意味では、本書は一つの実験的な試みであり、その内容は読者の批判によって修正されていくべきものであろう。

現代日本の政治において、地方自治はきわめて重要な位置を占めている。地方自治は明治国家においても制度化されていたが、圧倒的な中央集権体制の下にあり、自治はかたちだけのものになっていた。明治憲法には、地方自治に関するいかなる規定もみられなかったが、現行憲法は第八章全体を地方自治にあてている。地方自治は現行の日本国憲法の精神を支える基本的な柱の一つであるといってよい。さらに最近では、日本の中央集権体制にたいする内外の批判が強まっており、地方分権の推進は、政府にとっても無視できない要請になっている。地方自治について理解を深めることは、実務家にとっても研究者にとっても緊急の課題であるといえよう。

この『概説　日本の地方自治』は、一七章に分けられている。全体として、地方自治の制度や理論を論ずるよりは、地方自治のなかで起きている具体的な問題を分析することに重点を置くこととした。まず第一章から第六章までは、地方自治の歴史的展開と制度的構造をとりあげているが、これは第七章以下で論ずる具体的テーマに入るための準備作業でもある。第七章から第一四章までは、都市計画、コミュニティ、保健・医療、福祉、社会教育、情報公開、交通、環境といった具体的問題の分析にあてられている。最後の三章では、国際化が地方自治に及ぼした影響がとりあげられている。この問題は、これまで「地方自治論」では必ずしも充分に論じられてこなかったといえようが、今日の地方自治の課題を考えるためには、避けて通ることのできない問題であるといわなければならない。

本書は放送大学の専門科目の一つ、「日本の地方自治」の印刷教材として刊行されたものを基にしている。『日本の地方自治』は一九九〇年から九四年まで使用され、その後新しい教材と交替した。この五年間に日本の地方自治には大きな変化が生じているが、『日本の地方自治』の「基本的な枠組み」は決して古くはなっていないと考え、データや素材をアップ・ツー・デートなものにしたうえで、装いを改め『概説　日本の地方自治』として刊行することにしたのである。ただ、実際に作業を進めてみると、修正の範囲は予想以上に広がり、内容がほぼ一新された章も少なくない。

資料や文献は可能な限り最近最新のものを用いているが、それでも、読者が本書を入手されるときには、状況の変化によって最新とはいえない記述が見出されるかもしれない。また、日本の地方自治に関する研究も日に日に進んでいるので、本書の説明に代わる新しい説明が有力になることもありうるであろう。本書も、こうした多様な変化に即応することは難しい。しかし、いかなる変化が起こるにせよ、本書の記述がまったく無意味になるような変化が起こる可能性は小さいであろう。本書が読者の地方自治にたいする理解と関心を少しでも高めることができれば、それはわれわれの望外の喜びとするところである。本書は二人の共著であり、第一―三章、第八章、第一一・一二章、第一四章、第一七章を阿部斉が、第四―七章、第九・一〇章、第一三章、第一五・一六章を新藤宗幸が執筆した。

本書が最初に刊行されたときには、放送大学教育振興会の方々に、編集その他の面でひとかたならぬ御助力を頂いた。また、今回装いを新たに刊行するに際しては、企画の段階で東京大学出版会の竹中英俊氏に、編集段階で同会の斉藤美潮氏に多くを負うている。この場を借りて、それぞれに心から謝意を表したいと思う。

一九九七年一月

阿部　斉
新藤宗幸

# 目次

# 1 地方自治の構図1——その歴史的あゆみ

## ◆地方自治と地方政治

地方自治とは、国の領域を一定の地方団体に区分し、各地方団体が一定の範囲内でそれぞれの地域を統治する権限を付与されている政治形態をいう。これにたいして、地域社会の紛争や対立の調整を通じて、地域社会の秩序と安定を維持しようとする活動が地方政治にほかならない。地方自治もその具体的な内容についてみれば、地方政治以外の何ものでもなく、両者は同一の事象にたいする異なった呼称だといえよう。しかし、日本では地方政治という用語が用いられることは少ない。地方政治としてとらえられるべき事象も、地方自治とよばれるのが普通である。英米において広く用いられているのは、local government あるいは local politics であり、これらの用語に最も忠実な日本語訳を探すとすれば、それは地方政府あるいは地方政治であろう。逆に日本語の地方自治を直訳すれば、local autonomy あるいは local self-government であろうが、こうした言葉は実際にはほとんど用いられていないように思われる。

local government や local politics の用語に含まれているのは、たとえそれらが local な性格を有していても、やはり government ないし politics なのであって、その意味では、national government や national politics と同一の性質を有するという認識である。中央の政治が national な水準において対立と紛争の調整を図りつつ、国民社会の秩序の創出と安定の確保をめざすものであるならば、地方の政治もまた local な水準で同様の機能を果たすのである。こうした連続性は英米両国のみならず、広く西欧諸国においてはごく当然のこととみなされているといってよいであろう。

しかし、日本の場合、それは決して一般的に認められた関係ではない。むしろ、中央の政治と地方の政治とは、その政治という同質的な面よりも、中央対地方という異質的な面においてとらえられている。その異質な面を集約的に示しているのが、政治に代わる自治の概念にほかならない。もともと自治という概念は、厳密に解するなら、全人民による秩序形成への自発的・主体的参加を意味するはずである。しかし現実には、地方自治といっても、完全な住民自治によって政策の決定や執行が行われているわけではなく、住民全体に代わって少数の人々が政策の決定や執行にたずさわっているのであり、その点では地方自治も全国政治と同じ性質をもつはずである。また地方自治においても、少数者による決定は権力を背景として多数者に強制されているのであり、この点でも地方自治と中央政治とをことさらに区別する理由はない。

それにもかかわらず、中央政治とはあたかも異なった性格をもつかのごとく、地方自治が用いられてきたことの背景には、それなりの理由があったというべきであろう。その理由とは、単純化すれば、地域社会には政治的解決を必要とするような対立紛争は起こり得ないとする発想が支配的であったことである。中央政治の水準においては、対立や紛争が存在することは、望むと望まざるとにかかわらず、事実として認めざるを得ないであろう。何よりもまず、党派的対立あるいは利益集団間の紛争がそれを如実に示している。しかし、地域社会には、それと同質に論ずべき対立や紛争は存在していないのであり、したがってそこで必要とされるのは地方自治であって、地方政治ではないとされるのである。

## ◆明治国家の地方自治制度

では、なぜこうした地方自治観が支配的になったのか。それを明らかにするためには、地方自治制度の創設期にまでさかのぼる必要がある。日本の地方自治制度の起点は、一八七一年に戸籍法の制定にともなって創設された大区と小区であった。これは歴史的に形成されてきた自然村秩序を無視して行政村としての地方行政区画を設けるものであった。そこには国の役人としての戸長が配された。彼らの多くは地方名望家であった。しかし、この自然村秩序を無視した大区・小区の制度は、まさにそれゆえに機能しなかった。そこで、一八七八年には郡区町村編制法、府県会規則、地方税規則の「三新法」が制定された。郡区町村編制法では、最末端の自然村秩序にあわせて行政村秩序を作ろうとしていたが、府県会規則によって設置された各府県の議会は、自由民権運動の活動家の拠点となり、地域社会の秩序と安定を実現することはできなかった。そのため、地方制度再編の必要が強まり、一八八八年四月には市制および町村制が、一八九〇年五月には府県制および郡制がそれぞれ公布されたのである。明治憲法の公布が八九年であり、国会の開設が九〇年一一月であったから、市町村制の制度化は憲法制定に、府県制の制度化は国会開設にそれぞれ先行していたといえよう。

明治政府が、この時期を選んで地方自治制度の再編を強行した背景には、目前に迫っていた国会開設にたいする危惧の念があったと考えられる。国会開設は自由民権運動にたいする政治的譲歩の結果であったが、そのことは、国会内へ自由民権派の議員が大量に流入することを意味していた。その場合に、もし安定した地方制度が確立されていなかったなら、中央における政争はただちに地方に波及し、まだ揺籃期にある明治国家全体が混乱の渦に巻き込まれることは必至である。それを防ぐ障壁として構築されたのが、明治の地方自治制度であった。では、なぜ地方自治制が中央の政争にたいする障壁となり得たのか。

自然村的共同体の上に地方自治制を形成することは、要するに地方名望家による自治の制度化にほかならなかった。創設当時の地方議会が選挙資格を名望家に限定していたこともあわせて考えれば、明治国家において地方自治制に期待されていた機能はきわめて明瞭である。名望家層を防波堤として、中央の政争の波紋が自然村的秩序に動揺を与えないようにすることこそ、地方自治制度に期待されていた機能にほかならなかった。こうして、日本の地方自治制はその出発点において、すでに非政治的な性格を付与されていたのである。しかも、こうした非政治的な地方自治制は、たんに地域社会を中央の政争から防衛するにとどまらなかった。国家の政治的安定が自然村的秩序の安定に依存していることは、言い換えれば、国家秩序が非政治的自然村秩序に依存していることを意味する。欧米諸国において、近代国家の範型が自治都市に求められたこととは逆に、日本においては、近代国家の範型は自然村的共同体に求められたのである。自然村的共同体における一体性をさらに強調する必要が生ずると、その範型はさらに家族秩序へと逆行する。その結果がいわゆる家族的国家観にほかならない。いずれにせよ、この国では全国的政治それ自体が非政治的にとらえられることになったのである。

## ◆日本的地方自治の特質

政治が非政治的にとらえられるとは、言い換えれば、政治の前提にあるはずの対立・紛争が非正統化されることを意味する。村落であれ家族であれ、対立・紛争が生じないことこそ、それらの集団の特質だからである。対立・紛争が不断に日常的に生起することが、近代的政治の前提であるとすれば、対立・紛争は例外的にしか生起しないとみなすことが、日本的政治の前提だといえよう。もちろんそれは、全国的政治にも地方政治にも共通にみられる特質であるが、自然村的共同体と直接に結合していた地方政治において、とくに顕著であったことは明らかである。あるいは、日本の地方政治は、日本の政治一般がもつ非政治性を一層増幅したかたちで示しているといってもよい。

地方自治が非政治的にとらえられるとすれば、地方自治の具体的内容は地方行政にならざるを得なかったであろう。日本の政治は、明治における近代国家の創設以来、一貫して行政の優位のもとにおかれてきた。西欧諸国においてしばしば論じられる立法国家から行政国家への転換の図式は、この国の政治には適用し得ない。日本の国家は、明治以来一貫して行政国家だったのであり、むしろ最近になって、保守政党による長期政権の結果、政党の発言権が強まり、ときに「党高官低」とよばれるような現象がみられるようになったのである。この行政優位の傾向も、中央、地方を問わず妥当するものであるが、なかんずく地方自治において顕著であった。しかも、日本の地方自治における行政の決定的優位は、そのまま中央行政の決定的優位と結びついていた。

明治以来、過度の中央集権が日本の政治を支配してきたことは周知の事実である。一八八八年から九〇年にかけて再編された地方制度も、一方で名望家による自治を認めながら、他方で府県知事の官選制にみられるごとく、中央政府による官僚支配の貫徹を図るものであった。一八九〇年の府県制の制定に合わせて地方官官制が改正された。それは府県知事を中央政府の「普通地方行政機関」と位置付けた。彼らは内務大臣によって任命される内務省の高級官僚であり、内務大臣ならびにその他の大臣の指揮命令を受けて事務の執行にあたった。このように、底辺における共同体的自治と頂点からの官僚統制とを巧みに接合したところに、明治国家における地方自治の特質があった。

こうして、地方自治の日本的特質とは、一言でいえば、地域社会における対立・紛争の否認、すなわち地方自治における政治の否定に根ざすものであった。ここでの地方自治は、決して「みずから治める」という意味での自治ではなく、「おのずから治まる」という意味での自治である。戦前の右翼運動のなかで、権藤成卿などの農本主義者は、「自然而治」まる郷土の自治に新秩序の基盤を求めたが、この「自然而治」まることこそ日本における自治の本質であるといわなければならない。

## ◆第二次世界大戦後の制度改革

第二次世界大戦後の占領軍による「民主化」政策は、地方制度にも大きな変化をもたらした。その主なものを列挙すれば、以下のごとくなる。

第一に、新しく制定された日本国憲法の第八章に、地方自治に関する規定がおかれたことである。敗戦までの明治憲法は、地方自治に関してはいかなる規定も設けていなかった。第二に、従来の団体の種類別に設けられていた地方団体法に代えて、地方自治全般を扱う地方自治法が制定され、しかも新憲法と同時に施行されたことである。第三に、旧制度の核心であった知事官選制が廃止され、新たに知事公選制が採用されたことである。当時の内務官僚は知事の公選に執拗に抵抗したが、占領軍の強い意思によって知事公選制が実現した。第四に、内務省が解体され、敗戦までは内務省の管轄下におかれていた警察行政は、自治体警察として分権化された。また、警察の管理は民間人から成る公安委員会にゆだねられることになった。第五に、各自治体に公選制の教育委員会が設けられ、教育行政の民主化と分権化が図られたことである。ただ、この改革は一九五六年に教育委員会法に代えて地方教育行政の組織及び運営に関する法律（地方教育行政法）が制定されたことにより後退し、教育委員は首長による任命制に改められた。第六に、四九年のシャウプ勧告にもとづき、国と自治体間で税源が分離されたことである。これによって、日本の地方税体系は著しく近代化されることになった。

こうした改革によって、少なくとも機構的には「みずから治める」意味での地方自治が確立されたといってよい。しかし、それにもかかわらず、地方自治の日本的特質は持続したといってよい。制度を運用するものは人間であり、その具体的様態を決定するのも結局人間の意識である。外形上の制度が変化しても、それを運用する人間の意識に変化が生じない限り、制度の具体的内容は変化しない。たしかに、第二次大戦後の急速な都市化は、自然村的共同体を解体し、少数の大都市に巨大な人口を集中させた。しかし、たとえ大都市のまっただ中に住んでいても、自然村的秩序のもとで培養された「ムラ的感覚」はそのまま持続しうるのである。

あるいは、戦後の新教育はこうした「ムラ的感覚」に代わる「市民的感覚」を培養したとみることもできるかもしれない。しかし、この点で新教育の成果を過大に評価することは危険である。市民とは、何よりもまず自律性をもった人間、言い換えれば、自ら規律を定め、自ら放恣を抑制しうる人間を意味するとすれば、戦後の新教育も決して市民の育成に成功したとはいえない。それが端的にいって成熟した人間、すなわち「おとな」を育てることであるとすれば、むしろ学校教育はもとより社会教育においても、「おとな」を育てる場が失われたことこそ、今日に至る教育の欠陥の一つであるとさえ考えられるのである。いずれにしても、戦後改革が意識の変革にまで進みえなかった限りにおいて、地方自治の非政治性は今日なお払拭されていないといってよいであろう。

## ◆革新自治体から「地方の時代」へ

第二次大戦後から今日に至る六〇年の間に、地方自治はさまざまな変遷を重ねた。その間、地方自治をめぐる環境にも大きな変化が起こっている。なかでも重要な変化は、急速な工業化と都市化であり、とくに巨大都市への異常な人口集中であった。それにともなって、大都市における生活環境は急速に悪化した。一九六〇年代後半から七〇年代にかけて、新しい自治体革新の波が起こり、東京・大阪の両知事をはじめ、多くの自治体に革新首長が誕生したが、それは著しく劣悪な環境で生活せざるを得なかった大都市住民の不満の表明であったといえよう。その中心的スローガンが「住民福祉」であり、「生活環境擁護」であったことは、それを端的に物語っている。こうした革新自治体は、七〇年代の後半には急速な退潮を余儀なくされるが、その最大の理由は、経済の高度成長の時代が終わり、大都市の生活環境にも若干の改善がみられたことであった。低成長の時代に入って地方財政の再建が最も重要な課題になるとともに、地方行政の専門家ともいうべき自治省官僚が、革新首長にとって代わることになるのである。

一九八〇年代に入るとともに、地方自治の新たなあり方を示すキャッチ・フレーズとして、「地方の時代」が広く用いられるようになった。「地方の時代」を流行させる契機になったのは、七八年七月、首都圏地方自治研究会（東京都、埼玉県、神奈川県、横浜市、川崎市の五自治体が設置）が、横浜市で開催した「シンポジウム『地方の時代』」である。その翌年の統一地方選挙では、「地方の時代」が選挙用のスローガンとして多用され、やがて新聞・雑誌や自治体関係者の間で頻繁に用いられるようになった。「地方の時代」の意味は必ずしも明確ではないが、本来は中央集権、国の統制、画一主義、中央文化に対抗して、地方分権、市民自治、地域的個性、地域文化を優先させる意味を含んでいた。しかし実際には、「地方の時代」を言語シンボルとして用いつつ、中央政府の財政危機回避のための補助金一律カットといったことが行われ、その内容が曖昧なものになっていったことは否定できない。

一九八〇年代後半になると、「地方の時代」は事実上空洞化されていくが、その最大の要因は東京への一極集中であった。東京は伝統的に政治・経済の中枢都市として巨大な人口を擁してきた。東京の過密が限度を超えたため、七〇年代の後半から工場の地方分散などが行われたが、それも結局は首都圏を拡大しただけに終わった。八〇年代に入ると、国際化と情報化の二重の流れのなかで、東京は国際的情報中枢都市へと変貌していく。東京圏はもはや大阪圏や名古屋圏と並立する大都市圏の一つなのではなく、日本全体のなかで突出した位置を占めている。そこにみられるのは、「東京国」対「地方国」とでもいうべき地域間格差の拡大であった。

こうした東京への一極集中にたいしては、多極分散型の国土を形成すべきだとする批判はあるが、具体化の展望はほとんどみえていない。さしあたって、東京への一極集中を緩和するための措置が必要とされた。その一つが一九九〇年代に入って論議されることの多かった首都機能移転論であろう。国会開設百周年の九〇年一一月には、衆参両院で国会等移転決議が行われ、翌年一二月には国会等移転法が制定公布された。また九三年四月には、国会等移転調査会も設置され、具体的な移転先の選定を議題とするようになった。ただ、首都機能の一部移転は東京の一極集中を多少抑制することにはなっても、それだけでは多極分散への道を開くことにはならないであろう。そこで地方分権をいかに実現するかが問われることになる。

## ◆地方分権の推進

一九九三年六月、衆参両院は全会一致で「地方分権の推進」を決議した。その理由の一つは「東京への一極集中を排除して、国土の均衡ある発展を図ること」であり、他の一つは「中央集権的行政のあり方を問い直し、地方分権のより一層の推進」を図ることであった。こうした地方分権の推進を求める声が、九〇年代に入ってにわかに高まった背景には、いくつかの要因を指摘できる。

その一つは、政治改革の要求である。自由民主党の一党優位体制は、後援会組織に代表される利益配分型の集票メカニズムによって支えられてきたが、そのメカニズムは機能不全に陥りつつあった。度重なる汚職や不正献金の発覚は、政治資金の調達が重荷になって従来の集票システムを維持することが困難になったことを示している。そのため、政治改革の要求が強まり、選挙制度の改革や政治資金規正の強化が実現されたことは周知のところであろう。ただ、利益配分型の集票メカニズムは後援会組織だけで維持されていたのではなく、補助金や公共事業費など財政資金の散布によって支えられていたことも無視できない。こうした財政資金の散布による集票の確保が可能なのは、中央省庁の官僚と政権党との間に密接な協働関係があることによる。したがって、政治改革が成果を上げるためには、中央省庁の権限を削減して、自治体の権限を拡充することが求められてくる。すなわち、政治改革の帰結は地方分権とならざるを得ないであろう。

他の一つは、行政改革の徹底である。一九八一年に設置された第二次臨時行政調査会は、危機に瀕した中央政府財政を再建するとして、国鉄、電電、専売の三公社の民営化や年金制度の改革などを提案し実現した。しかし、中央政府の財政負担をさらに減らすためには、地方政府への権限移譲が課題とならざるを得ない。第三次臨時行政改革推進審議会は、地方分権の第一歩として、地方分権特例制度（パイロット自治体）や中核市制度を提案し実現した後、九三年一〇月の最終答申では、地方分権を規制緩和とならぶ行政改革の二本柱に据え、その推進のための大綱方針を次年度に策定することを内閣に求めた。

この間、九三年七月の衆院総選挙において、三八年におよぶ自由民主党の長期政権が崩壊し、七党一会派から成る細川政権が成立した。同政権は内閣の行政改革推進本部のなかに地方分権部会を設けて、大綱の策定を検討した。その後、羽田政権を経て、九四年六月には自民、社会、新党さきがけ三党による村山政権が成立するが、同政権は九四年一二月に地方分権部会の結論を踏まえて「地方分権推進大綱」を決定した。この大綱を基本として、九五年の通常国会に地方分権推進法案が提出され、五月に国会を通過成立した。この法律は五年間の時限立法（その後一年延長された）であり、内閣総理大臣の諮問機関として七名の委員から構成される地方分権推進委員会を設置し、ついで内閣は委員会の調査・勧告にもとづいて地方分権推進計画を策定し、必要な法的あるいは行政的措置を実施に移すことを定めた。

衆参両院の決議を受けた地方分権推進法の制定は、日本の自治の歴史構造に照らすとき画期的なことであった。しかし、この法律は一種の手続き法であり、地方分権改革の具体的目標を定めたものではない。それだけに、何を切り口として地方分権改革を実現するかについては、委員会内部はもとより社会的に大きな議論をよび起こした。

地方分権推進委員会の活動については次章で論じるが、委員会は中央各省の自治体への関与の緩和を中心として、地方分権改革の方向を追求した。それは二〇〇〇年四月の地方分権一括法に結実し、日本の地方自治は新たなステージを迎えることになった。

# 2 地方自治の構図2——地方分権改革と新たな枠組み

### ◆地方分権と地方政治

地方自治は今日の政治全体のなかでいかなる役割を果たしているであろうか。伝統的に地方自治に期待されてきた役割の一つは、中央政府の権限をできるだけ地方政府に移譲し、中央政府と地方政府との間に適切なバランスを作り出すことで、権力の集中を阻止しようとすることであった。これが地方分権にほかならない。地方分権の最も高度な形態は連邦制である。とくに広大な地域にまたがる国、あるいは異なった民族・文化・歴史をもつ地域から成る国においては、各地域にその地域にかかわる問題についての高度な自治権を認め、中央政府はそれに干渉しないことが望ましいであろう。そのために、こうした国々においては、連邦制をとるものが少なくない。たとえば、アメリカ合衆国、ドイツ連邦共和国をはじめ、カナダ、オーストラリア、インド、マレーシアなどの諸国は、国によって地方分権の程度は異なるが、いずれも連邦制の形式をとっている。日本は連邦制の国ではないが、地方政府の権限強化により中央集権化を抑制することが、地方自治の役割とされていることはいうまでもない。

地方自治は、権力の集中とその濫用を防ぐという消極的機能のほかに、各地域の政治問題をそれぞれの地域の住民が自らの手で処理するという積極的機能をもっている。これは地域政治とよばれている側面である。地域政治においては、住民が直接に政治に参加し、生活と政治とを積極的に結合することが大切である。そのため、地方自治では、住民が直接に政治に参加できるようにするための特別な制度が設けられている。議員や議会が住民の代表として機能しなくなったとき、議員の解職や議会の解散を求めるリコールの制度、住民が望ましいと思う方策を住民自身が発案するイニシアティブの制度、特定の地域の住民だけに関連をもつ問題について住民自身の直接投票を求めるレファレンダムの制度などがその主なものである。日本の地方自治では、首長や議員などの解職請求、議会の解散請求、条例の制定または改廃の請求、事務の監査請求などの直接請求を行うことが、住民の権利として認められている。

各地域の政治問題をそれぞれの地域の住民が自身の手で処理することができるためには、地域住民の意思に従って決定し執行する機関が必要である。これが地方政府であり、首長と地方議会から構成されているのが普通である。この地方政府は中央政府とは異なり、住民の側からみれば、物理的にも心理的にも「身近な政府」であるといってよい。現代の地方自治の最も重要な役割は、「身近な政府」を活用して、地域住民の必要に応じたサービスを提供することである。現代の社会には地域社会の個別性あるいは多様性に根ざしているがゆえに、中央政府の画一的な施策によっては解決できない問題が少なくない。こうした問題を解決するためには、地域住民の意思を正確に反映する「身近な政府」が不可欠である。地域住民の直接参加によって「身近な政府」を確立することは、依然として地方自治の最大の課題であるといえよう。

## ◆地方自治の二層構造

「平成の大合併」とよばれる市町村合併が、九〇年代末より進行した。二〇〇五年一一月現在で、日本には二二一九の自治体が存在する（四七都道府県、七五四市、二三東京特別区、一三九五町村）。都道府県は市区町村を包含する広域自治体で、基礎自治体である市町村と国の中間に位置する。領域からみれば、都道府県は市区町村の上位にあるが、両者は法制上原則的に対等であり、都道府県は市区町村を支配したり指導したりする立場にはない。都道府県は、市区町村に関する連絡調整や市区町村では処理しえない広域的業務に従事するのが原則であり、都道府県と市区町村の間には業務の重複はないとされている。広域自治体としての都道府県は、一都一道二府四三県と相互に名称を異にしているが、東京都を除いて権能に差異はない。

基礎自治体である市区町村の場合も、原則的に相互に対等であるが、若干の例外がある。まず市としての要件は、人口五万人以上で、中心市街地があるなど都市としての体裁を備えていることである。ただし、市町村合併特例法は地方自治法本則とは別に人口三万人以上を市となる要件とした。町としての要件は、都道府県条例によって定められているが、人口一万人以上がおおよその目安といってよい。

市町村はいずれも基礎的自治体とされているが、そこには人口を基本とした権限の階層区分がみられる。市のうち人口五〇万人以上で政令による指定を受けた都市は、政令指定都市とよばれ（二〇〇五年四月現在一四市）、都道府県が法律ならびにその政令にもとづき処理するとされている事務のうち政令で定める事務を処理するとされている。また行政区の設置を認められている。中核市は人口三〇万人以上（ただし人口が五〇万人未満の場合は面積一〇〇平方キロメータ以上）であって、政令で指定された都市である。中核市の権限は政令指定都市に準じるが行政区の設置はできない。特例市は人口二〇万人以上であって政令で指定された都市である。特例市の権限もほぼ中核市に準じるが政令で定められる。特別区は大体において市と同様の権能をもつが、消防、上下水道などの事務は都の所管とされている。一般廃棄物の収集・処理は特別区の事務とされているが、清掃職員は都の配属職員とされている。特別区の区長は、一時期区議会が都知事の同意を得て任命していたが、一九七五年以降、ふたたび公選制で選ばれている。なお東京都は、二三区にたいしては市としての権限をあわせもっており、それ以外の地域にたいしては府県としての権限をもっている点で、道府県とは異なっている。

日本の地方自治制度は、基礎自治体と広域自治体の二つのレベルから構成されており、二層制を特色としている。「身近な政府」としての性格がより強いのは、基礎自治体である市町村の方で、都道府県は市町村が「身近な政府」として充分に機能できるように、国との間で必要な調整を図る役割を負わされているといってよい。諸外国でも二層制をとる国が多いが、なかにはフランスやイタリアのように、三層制をとる国もある。三層制がとられる主な理由は、現代の政治では従来の中間的自治体よりもさらに広い領域をもつ広域自治体が必要であるということに求められよう。日本でも、こうした広域自治体として道州制を設けようとする議論が、高度経済成長期にみられた。また一九九〇年代後半よりふたたび盛んに論じられている。二〇〇四年に設置された第二八次地方制度調査会は、道州制・広域行政のあり方を議題の一つとしている。ただ、こうした広域にわたる自治体（行政体）の設定には、中央集権的な傾向を助長する危険性も含まれている。「身近な政府」を確立するという今日の地方自治の課題と矛盾する面もあるといわなければならない。都道府県相互間の協力関係を強化することで広域化する政策課題に対応することが、現実的かつ望ましい解決方向だというべきであろう。

## ◆地方分権推進委員会の活動

一九九五年七月に地方分権推進法にもとづき設置された地方分権推進委員会は、当初、地方分権改革の切り口をめぐる議論を重ねたが、九五年末に中央各省の都道府県・市町村にたいする「関与の緩和」を基本的審議課題とすると決定した。そして、九六年三月に「中間報告——分権型社会の創造」を発表した。

この報告は、その後の審議・勧告のデッサンというべきものであったが、まず国と地方は対等な協力関係にあるとしたうえで、国の役割は、①国際社会で国家としての存立にかかわる事務、②全国的に統一することが望ましい事務、③全国的規模で行うべき施策および事業に限定されるとし、地方はそれ以外の地域行政を総合的に広く担うべきだとした。

国（中央政府）と地方が対等な関係に立つとした場合、戦後地方制度で最も大きな障害となるのは機

**表 2-1　機関委任事務の項目数（法律単位）の推移**
**（地方自治法別表に掲げるもの）**

| | 1952年 別表 付設時 | 1962年 自治法 改正後 | 1974年 自治法 改正後 | 1991年 自治法 改正後 | 1994年 自治法 改正後 | 1995年 7月1日 |
|---|---|---|---|---|---|---|
| 別表第3 (都道府県) | 160 | 283 | 365 | 356 | 383 | 379 |
| 別表第4 (市町村) | 96 | 125 | 157 | 178 | 183 | 182 |
| 合　計 | 256 | 408 | 522 | 534 | 566 | 561 |

注　上記とは別に，「行政事務の簡素合理化及び整理に関する法律」（昭和58年法律第83号）により14項目が，「地方公共団体の執行機関が国の機関として行う事務の整理及び合理化に関する法律」（昭和61年法律第109号）により11項目が，「許可，認可等の整理及び合理化に関する法律」（平成6年法律第97号）により4項目が，それぞれ廃止されている．
出典　地方分権推進委員会『中間報告』（1996年3月29日）．

関委任事務制度であった。先に述べたように、日本国憲法と地方自治法の制定によって日本の地方自治は民主化されたといわれる。だが、一九四七年の地方自治法施行時より、個別の仕事ごとに法律ないし政令によって都道府県知事、市町村長、都道府県と市町村の行政委員会を主務大臣（仕事の所管大臣）の地方機関と位置付け、主務大臣の指揮監督のもとに、知事らに仕事を処理させる機関委任事務制度が、地方制度の中心に位置してきた。直接公選による知事・市町村長は、住民の政治的代表機関だが、その一方で中央各省の地方機関とされたのである。これは戦前期の官選知事を中核とした地方制度を、かたちを変えて引き継ぐものであり、戦後地方自治改革の最大の矛盾であった。地方自治の戦後改革が一部で「器の改革」といわれるゆえんである。しかも、日本の経済復興、高度経済成長とともに機関委任事務の件数は表2-1のように増加し、九五年段階で五六一件であった。都道府県の仕事の約八割、市町村のそれの約五割が機関委任事務であった。

　中間報告では機関委任事務の全廃が提案された。原則として自治体が実施にあたってきた事務はすべて「自治事務（仮称）」とするとした。そしてこの自治事務は、「法律に定めのある事務」と「法律に定めのない事務」に分類されるとした。従来の機関委任事務のうち例外的に「もっぱら国の利害に関係のある事務」で、国民の利便性または事務処理の効率性が重視されるべき事務は、法律にもとづき自治体に委託される「法定受託事務（仮称）」とするとした。それ以外の「もっぱら国の利害に関係のある事務」は、あらためて国の「直接執行事務」とするとした。

国（中央各省）の関与は、「法律に定めのある自治事務」と「法定受託事務」ごとに異なることが提起された。まず、いずれの事務についても、報告徴収、届出または技術的助言・勧告は認められる。「法律に定めのある自治事務」については、それらに加えて、とくに必要な場合の事前協議と法令違反の際の違法是正措置要求が認められる。さらに「法定受託事務」については、事前協議、法律にもとづく指示、とくに必要のあるときには法律にもとづく認可、承認、代執行が認められるとした。また国の自治体への関与については、一般法による統一的ルールを定め、そのうえで個別法において具体的関与の仕方を規定すべきことを述べるとともに、国と地方の係争を処理する第三者機関を設けるべきだとした。

「中間報告」では、「法定受託事務」として、国勢調査などの指定統計、旅券の交付、外国人登録、国庫金の配分、国家賠償などが例示された。

この「中間報告」は、あくまで地方分権推進委員会の地方分権改革に関する基本的考え方と取り組みの方向を示したものである。それゆえ、「法定受託事務」については国のより強力な関与を認めるべきといった異論も政府部内から提起された。ともあれ、地方分権推進委員会は、「中間報告」をベースとして、五六一件の機関委任事務のすべてについて所管庁との協議を重ね、「自治事務」「法定受託事務」「直接執行事務」への分類に合意の成立したものから順次、首相へ「勧告」として提出した。

### ◆地方分権一括法と二〇〇〇年の地方分権改革

橋本龍太郎政権は、九八年五月に地方分権推進委員会の第四次までの勧告をもとにして、第一次地方分権推進計画を閣議決定した。そしてこの計画にもとづき必要な法律改正を図るとして、九九年の第一四五通常国会に地方分権一括法案を上程し成立をみた。この法律は実に四七五本にわたる法律の改正対象個所を一本の法律にまとめたものである。地方分権一括法は二〇〇〇年四月一日に施行され、戦後日本の中央—自治体関係に新たなページを開くものとなった。

それでは、地方分権一括法による重要な改革事項をみておくことにしよう。

第一は機関委任事務制度の全廃である。従来の機関委任事務は、自治事務と法定受託事務、中央の直接執行事務に再編成された。この改革によって、都道府県知事や市町村長は、中央各省の大臣との関係において、上級機関と下級機関の関係ではなくなった。つまり、自治体と国（中央各省）は、法制度上、対等・平等の関係となった。五六一件の機関委任事務のうち、国の直接執行事務とされたわずかの事務を除くと、自治事務と法定受託事務の割合は、約六対四であった。自治事務の方が上回るが、官庁側からみて重要度が高いと思われる事務の多くが法定受託事務となっていることは否めない。これは官庁側と地方分権推進委員会との個別協議の過程において、官庁側が法定受託事務への再編を強く主張した結果であるといえる。

なお、従来、自治体の事務は講学上、固有事務、団体委任（団体）事務、機関委任事務に分類されてきた。固有事務とは自治体固有の権限にもとづく事務、団体委任事務は地方公共団体としての自治体に執行が委任された事務とされてきた。しかし、この改革によって、自治体の事務は自治事務と法定受託事務に二分されることになった。

自治事務のうち意義の大きいと思われるのは、土地利用規制に関する事務であるといってよい。ただし、自治事務といっても公害防止計画の策定のように、国との同意を要する事前協議を必要としているものもある。法定受託事務とされたものは、「中間報告」の例示に加えて、医薬品や食品などの規制、大気汚染・水質汚濁の監督などに関する事務、さらに一級河川の指定区間の管理、二級河川や準用河川の管理、国道の指定区間外の管理など、公共事業に関連する事務も少なくない。

自治事務、法定受託事務ともに機関委任事務と異なって、地方議会の条例制定権や監査委員の監査権限が原則として及ぶ。ただし、地方自治法第一四条の条例制定権に関する「法令に違反しない限りにおいて」なる規定は変更されていないから、この規定をめぐる解釈は残る。監査委員の監査権限は、自治事務のうち地方労働委員会や収用委員会の権限に属す事務には及ばない。また法定受託事務についての監査対象外とされているのは、国の安全を害する恐れのある事項、個人の秘密を害する事項、労働委員会と収用委員会の権限に属す事項とされている。

第二は協議・関与の一般的ルールの設定である。機関委任事務制度においては、中央各省の首長らへの関与は、機関委任事務の根拠法ならびに政令にとどまらず、所管庁の発する省令、告示、通達・通知によって規定され、しかも省庁間において統一されていなかった。地方分権推進委員会の第二次勧告（九七年七月）は、九四年一〇月に施行された行政手続法に準拠して①書面主義の徹底、②手続きの公正・透明性の確保、③事務処理の迅速性を原則として、関与の一般的ルールを一般法に定めることを求めた。この原則にもとづく関与の一般的ルールは、「普通地方公共団体は、その事務の処理に関し、法律又はこれに基づく政令によらなければ、普通地方公共団体に対する国又は都道府県の関与を受け、又は要することとされることはない」（第二四五条の二）という包括的規定がおかれたうえで、地方自治法に定められた。中央各省は自治体への関与をこの一般的ルールにもとづいて個別の法令に規定することを必要とされた。

自治事務への関与は、①技術的助言・勧告・報告徴収、②事前協議・合意（又は同意）、③緊急時における国の個別的指示に類型化されている。また法定受託事務への関与は、①技術的助言・勧告・報告徴収、②事前協議、③許可・認可・承認、④指示、⑤代執行に類型化されている。法定受託事務への関与は、自治事務へのそれに比してはるかに厳格である。とくに、中央各省が自治体による法定受託事務の執行に適正さが欠けていると判断する場合には、是正や必要な措置を指示できるばかりか、自治体が法定受託事務を違法に処理しているような場合であって、勧告・指示に従わないときには、裁判を経て代執行できるとされている。ただし、機関委任事務制度のように自治体の首長は同一行政庁の下級機関ではないから、指示にそのまま従う法的義務は存在しない。

第三は必置規制の大幅緩和である。従来の機関委任事務制度のもとにおいては、事務の執行を確保するために、自治体が設置せねばならない機関、組織、職などが、法律、政令、省令などによって定められてきた。これを行政用語上、必置規制という。今後の必置規制は法律および政令に根拠をもつことを原則とされた。法令に根拠をもたない必置規制のうち資格規制、専任規制、定数基準は法令に根拠を有するものへと改められるとともに、その場合も技術的助言としてのガイドラインとされた。これによって、自治体の行政組織編制権は自治的裁量の幅を大きくひろげた。

第四は国地方係争処理委員会の設置である。委員会は両院の同意を得て総務相が任命する五名の委員から成る。委員の任期は三年である。自治体は法律またはこれにもとづく政令が定める是正措置要求、指示、技術的助言・勧告、事前協議、許可・認可・承認その他これに類する行為、および法律にもとづき自治体の行為を覆す行為について不服があるとき、委員会に審査を申し立てることができる。委員会は所定の期間内に申し立てを審査し、国に勧告することができる。委員会が期間内に勧告しないとき、あるいはその内容に不服があるとき、国が所定の期間内に措置を講じないときには、自治体はその区域を所轄する高等裁判所に提訴することができる。ただし、法定受託事務に関する代執行については、別途地方自治法にもとづいて裁判を必要としており、国地方係争処理委員会への審査申し立ての対象外とされている。

この国と自治体との係争は、都道府県と市町村間においても起こりうる。都道府県や都道府県の行政委員会の市町村にたいする関与に異議がある場合、市町村は総務相または知事の任命する自治紛争処理委員（三名）に審理を申し立てることができる。そして自治紛争処理委員の勧告に不服があるときには、市町村は所轄の高等裁判所に提訴できる。

このような仕組みは、機関委任事務制度の廃止によって国と自治体が制度上、対等・平等の関係となったことを前提としている。そればかりか、この仕組みは将来的に国と自治体との関係を律する規範を、従来の行政統制から司法統制・立法統制へ転換させよう。少なくともその可能性を秘めている。

## ◆大規模な市町村合併の進行

二〇〇〇年四月の地方分権推進法の施行は、戦後日本の中央―自治体関係の枠組みに大きな変化をもたらした。もっともそれは、戦後改革時の積み残し課題をようやく実現したものでもある。それだけに、都道府県、市町村ともに、この改革の意義を踏まえた新たな取り組みを必要としよう。そのためには、従来の行財政運営を見直すとともに、独自の法令解釈能力や政策能力を高めねばならないであろう。

ところで、二〇〇〇年四月の地方分権一括法の施行を前後するころより、政府は地方分権時代にふさわしい市町村の「行政能力の向上」「効率的な市町村行政」を掲げて、大規模な市町村合併の推進を指導した。しかし、実際には地方交付税特別会計に積み上がる債務を前にして小規模自治体の整理に主眼があったといわねばならないだろう。

政府は市町村合併をうながすために多様な財政上の「アメ」を用意した。なかでも一九九九年に創設された合併特例債の「効果」は大きかった。これは新市建設計画に計上された事業について事業費の九五%を限度として合併特例債の発行を認め、発行額の七〇%については地方交付税基準財政需要額で措置するというものである。またこれとならんで、合併後一〇年間は、合併がなかったものと仮定して毎年算定した地方交付税普通交付金額を保障する合併算定替も用意された。巨視的に見ると、多くの自治体が合併を行ったとき、合併しない自治体への地方交付税原資は減少する。ただし、地方交付税の原資が現行水準を維持する保障はどこにも存在しない。現に6章で述べるように、二〇〇四年度には地方交付税の原資は、二〇〇三年度に比して一兆二〇〇〇億円削減されている。

ともあれ、小規模町村を中心として「平成の大合併」といわれる市町村合併ブームが湧き起こった。先に述べたように、二〇〇五年一一月一日現在でみると市町村数は、九八年度末の三二三二から二一四九へと減少した。政府は合併によって市町村数を一〇〇〇とすることが目標であるともしたが、これには及ばない。ただし、二〇〇五年三月末までに合併を知事に届出し、二〇〇五年度中に合併する自治体には合併特例債の発行が認められている。したがって、二〇〇五年度末に市町村数は約二〇〇〇となることであろう。

急速に進行した市町村合併に対する評価は多様である。ただし、新市建設計画に盛り込まれた事業には、合併特例債との関係もあって「ハコモノ」といわれる施設建設が目立つ。合併推進派の自治体リーダーは、「このままでは立ち行かなくなる」と語ったが、新たな政治・行政スタイルへの転換が追求されたとはいえない。合併特例債にしても三〇%は、自己資金で償還せねばならない。自治体財政を一段と圧迫する要素をはらんでいる。要するに、地方分権改革によって中央—自治体間の制度的枠組みには変化がもたらされたが、政治指向としては地域の自立を地域から考えるまでに至っているとはいえない状況を垣間見せたのである。

# 3 首長の役割

## ◆首長主義

日本の自治体は、行政部と立法部との関係について、首長主義をとっている。首長主義とは、行政部の首長を直接公選によって議会から独立に選任する制度をいう。国の政治については、アメリカの大統領制が首長主義の代表的な例といってよい。現在日本の中央政府においては、イギリス型の議院内閣制がとられているので、中央政府の構成と地方政府の構成との間には、権力の分立形態に関して対照的な差異がみられることになる。

ただ、日本の自治体における首長主義は、アメリカ型の大統領制とまったく同型ではない。おそらく最大の相違点は、アメリカ型の大統領制が、大統領の議案提出権や議会解散権を認めず、同時に議会の不信任議決権も認めていないのにたいして、日本の首長主義はそのいずれをも認めていることであろう。すなわち、行政部の首長は地方議会に議案を提出する権限を有するし、地方議会は首長の不信任を議決することができる。また首長は、不信任議決後一〇日以内に議会を解散することもできるのである。ただ、地方議会が首長の不信任を議決する場合には、三分の二以上の出席と四分の三以上の同意（ただし、議会解散後最初の議会における不信任議決は過半数で足りる）が必要とされている。

大雑把にいえば、日本の自治体における首長主義は、大統領制に議院内閣制のある種の制度を加味したものといってよい。しかし、こうした折衷的性格は、現実には首長の権力を著しく強める結果に終わっているように思われる。たとえば、議会に与えられている首長の不信任議決権は、議会が首長を統制するうえで大きな武器になりうるはずであるが、これまで知事にたいする不信任が可決されたのは、二〇〇三年の田中康夫長野県知事不信任の一件のみである。わずかに市長にたいする不信任が数件可決されたにすぎない。これにたいして、首長の議案提出権は充分に活用されており、議会に提出される議案の大半は首長によって提出されている。しかも、議員提出の議案は、修正あるいは否決される可能性が高いが、首長提出の議案はその可能性が著しく低いのが実態である。

## ◆首長と議会の関係

首長は住民の直接選挙によって選ばれるが、議員も住民の直接選挙によって選ばれる。その意味で、日本の自治体は首長と議会の二元的代表制をとっている。二元的代表制をとる理由の一つは、それによって権力の濫用を防ぐことであり、首長の議案提出権や議会の不信任議決権も、こうした抑制均衡の関係の一部であることはいうまでもない。しかし、首長と議会の関係は決して対等ではなく、首長が明らかに優位に立っている。

地方自治法によると、首長が自治体を「統括し、これを代表する」とされている（一四七条）。首長は、法人としての自治体の法的代表者であり、同時に地域住民の対外的な代表者でもある。国の場合、国会は国権の最高機関であるが、自治体では、議会よりもむしろ首長が、自治体の代表機関として優越した地位にあるというべきであろう。首長と議会それぞれの権限を定めるに際して、地方自治法が議会に関しては限定列挙主義をとり、首長に関しては概括例示主義をとっているのも、首長の優位を示すものといえる。

自治体の立法機関は、本来は地方議会であり、そこで制定される条例は国の法律に相当するが、自治体の首長にも「法令に違反しない限りにおいて、その権限に属する事務に関し、規則を制定する」権限が認められている（地方自治法一五条）。国の場合は、国会で制定される法律のほかに、行政立法である政令・省令・委員会規則があり、両者を合わせて「法令」とよんでいるが、自治体の場合も、条例と規則を合わせて「例規」とよんでいる。首長が制定する規則には、公害防止条例施行規則のように、条例に付属するものもあるが、自治体の財務規則のように、条例から独立したものもある。首長が比較的に広範な規則の制定権を認められているのは、住民によって直接選出されているからであろう。ただ、条例と規則を比べれば、条例が優位にあり、条例が違反者にたいして懲役や罰金を科することができるのに、規則は過料を科すことができるにすぎない。

首長と議会の関係をみると、議会にたいする首長の優位が多様なかたちで制度化されている。まず、首長には一時的拒否権としての意味をもつ「再議請求権」が認められている。地方自治法は、この再議請求権に関して、かなり詳しい規定をおいているが、とくに重要なのは、一般的再議請求権と違法議決の再議請求権であろう。前者は、条例・予算議決について、首長が反対理由を示して、一〇日以内に再議請求を行い、議会で出席議員の三分の二以上で再議決すれば、議決が確定し、そうでなければ議決は不成立となる。後者は、議会での議決や選挙を首長が違法とみた場合に、再議・再選挙の請求を行う。そのとき、過半数によって同じ再議決・再選挙が行われた場合には、二一日以内に知事から総務大臣、または市区町村長から知事への審査申立てを行い、違法または合法の裁定に応じて、六〇日以内に議会または長から訴訟を起こすことができる。

また、首長は議会にたいして予算案を編成し提出する権限をもっているが、これは首長にのみ認められた権限であり、議会の議員も地方公営企業の管理者も、予算を議会に提出する権限をもっていない。予算案をめぐって首長と議会が対立している場合には、首長に局面を打開するための若干の権限が認められている。第一に、議会の議決が予算上執行できないと首長が判断した場合、首長は議会にたいして再議を請求できる。ただし、議会が過半数で再可決すれば、議決は確定する。第二に、議会が法令負担経費その他の法的支出義務のある経費を削減して、予算を議決した場合、首長は再議を請求できる。その場合、議会が同じ議決を繰り返したときには、首長は議会の議決がなくても、その経費を支出することが認められており、「原案執行権」とよばれている。第三に、議会が災害対策必要費を削減議決した場合、首長は再議を請求でき、議会が議決を変えないときは、首長にたいする不信任とみなして議会を解散できる。

さらに、自治体の首長の権限には、緊急でやむを得ない場合に、議会に代わって自治体としての決定を下しうる権限が含まれている。これが「専決処分」の権限である。首長が専決処分を行うことができるのは、次の四つの場合である。すなわち、①議会が成立していない場合、②議会が開会できない場合、③議会を招集する暇がない場合、④議会が議決すべき事件を議決しない場合、首長は本来議会が議決すべき案件について専決処分が認められている。①には、議員が総辞職したが、選挙はまだ行われていないとき、あるいは半数以上の欠員がありながら、補欠選挙が行われていないときなどが含まれ、③には、災害時などの緊急事態が含まれる。また、④には、意図的な引きのばしなどで会期を空費しているようなときが含まれるであろう。専決処分は、緊急性さえ認められれば、条例であれ予算であれ、議会のあらゆる議決事項におよびうるが、首長は次の議会には報告して、承認を求めなければならない。ただし、承認が得られなくても、首長の政治責任が残るだけで、専決処分自体は合法有効なままと解されている。

## ◆首長の地位と役割

自治体首長の役割は多元的であるが、最も重要な役割は行政の統括者あるいは責任者であることであろう。現代の政治においては、国にあっても地方にあっても、行政部の果たす役割はきわめて大きい。国については、行政部が政治的統合の主体であるという意味で、行政国家とよばれることさえある。近年、「大きな政府」にたいする反省から、「小さな政府」を求める声が強まるとともに、行政部の規模を縮小する動きもみられるが、行政部の役割は依然として大きいといえよう。こうした傾向は、自治体の場合、とくに著しい。「地方自治」とならんで「地方行政」が多用され、「県政」や「市政」というべきところを「行政」ということも少なくない。首長はこうした地方行政を統括する立場にある。その地位はきわめて高く、その権力はきわめて大きいといわなければならない。

しかし、首長の地位と権力は行政の長であることだけに由来するのではない。首長は法的に自治体を代表するにとどまらず、そのイメージにおいて自治体を象徴する存在である。住民の大小の期待も首長に集中する。災害のとき、陣頭で指揮する首長の姿があれば、住民は心理的に安堵するであろう。首長に集中する住民の期待は、首長の権力を支える基盤でもある。住民の期待がある程度満たされている限り、首長の地位は安泰であるといってよい。首長選挙では、議員の選挙以上に、現職候補の当選率が高いのは、こうしたメカニズムにもとづいている。

首長選挙で現職候補が圧倒的に強いということは、首長は本来的に多選傾向をもつということであろう。アメリカでは、首長の多選にともなう権力濫用の弊害を避けるために、首長の多選を禁止している自治体が多い。しかし、日本の首長に関しては多選禁止の規定がないため、首長の四選ないし五選は普通であり、ときには六選ないし七選に至ることもある。このように首長の在任期間が著しく長いことが、首長職をいっそう魅力的なものにしているといってよい。自治体行政を統括するのが首長であり、しかもその首長の地位が安定性の高いものであるとすれば、自治体行政に何らかの期待を寄せる党派や集団はすべて首長とのつながりを求めることになるであろう。逆に、首長とのつながりをもたない集団は、自治体行政に影響力を行使するという点では厳しい立場に立たされることになる。

日本の首長選挙の特徴ともいえる多党相乗りの超党派候補が生まれるのは、こうした背景によるものであろう。それでも、政党間のイデオロギー的な対立が存在した時期には、政党が特定の候補を公認あるいは推薦することもあったし、都市の生活環境が劣悪であったときには、「革新」自治体が次々に誕生したこともあった。しかし、「革新」自治体が後退して、自治省（現総務省）官僚の進出が顕著になる八〇年代初頭から、多党相乗りの傾向も著しくなっていく。国政での野党も、自党の候補に勝利の成算がない場合には、支持勢力への利益の配分を考慮して、多党相乗りに加わることが多くなる。一九九〇年代に入って、政党間のイデオロギー的距離が縮まり、多党化の傾向が強まるとともに、超党派候補への相乗りはますます一般化したといえよう。

ただ、多党相乗りが有効なのは、各政党がある程度の集票力をもっているときである。政党支持の流動化が進み、無党派の有権者が激増すれば、多党相乗り候補も無力化する。それを劇的なかたちで示したのが、一九九五年の統一地方選挙であった。東京都知事選挙と大阪府知事選挙で、いずれも官僚出身の各党相乗り候補が、無党派層の支持を集めた青島幸男と横山ノックに敗れたのである。いわば無党派層を基盤とした超党派候補が出現したともいえよう。九六年においても、東京都の狛江市と足立区で共産党単独推薦の首長候補が当選しているが、これも保守系候補に反発した無党派層の支持によるものであった。今や自治体の首長がその地位を保つためには、無党派層の支持をいかにして調達するかという新たな課題に応えなければならなくなったのである。その意味で、実質的には多党相乗りなのだが、選挙戦においては「無党派」を名乗り、政党の推薦などを断るケースが、九九年の統一地方選挙から目立っている。

日本の自治体首長については、もう一つ指摘しておくべきことがある。それは首長職における極端な性別格差である。現行憲法が制定されて六〇年になろうとしているのに、女性知事は北海道、千葉、大阪、熊本の四道府県にすぎない。女性市長は国立、三鷹、多摩（いずれも東京都）、平塚、伊勢原（いずれも神奈川県）、蓮田（埼玉県）、尼崎（兵庫県）、五島（長崎県）の八市であり、東京都新宿区長を加えて九人である。また、女性町村長は大潟村（秋田県）、五個荘町（滋賀県）、木津町、野田川町（いずれも京都府）、豊能町（大阪府）、湯来町（広島県）の六人である（二〇〇五年九月現在）。これは先進国を自負する国の数字としては驚くべき、あるいはむしろ恥ずべき数字であろう。女性の首長が現れない理由は、さしあたっては適性を備えた女性候補が見出せないことにある。しかし、より基本的な問題は、二番目の地位は女性でもよいが、一番目の地位は男性でなければならないとする偏見が依然として根強いことであろう。いずれにしても、女性の自治体首長を増やすことは、地方自治に課せられた急務の一つであるといってよい。

### ◆機関委任事務制度時代の自治体首長

すでに述べたように、二〇〇〇年四月の地方分権一括法の施行によって、機関委任事務制度は全廃された。しかし、戦後地方自治法のもとで長年続いた機関委任事務制度のもとでの首長の存在を振りかえっておこう。

機関委任事務は敗戦後の地方制度改革とともに導入されたが、その後拡大の一途をたどった。こうした機関委任事務には、福祉、衛生、環境、消費者保護など地域住民の日常生活にかかわるものが少なくなかった。指紋押捺問題で強い批判を招いた外国人登録も、市町村長への機関委任事務に含まれている。

機関委任事務に関しては、さまざまな問題が提起されてきた。その一つに、一九六〇年代末から七〇年代にかけて多くの議論をよんだ超過負担問題がある。国は、機関委任事務の執行を委任するに際して、経費の相当部分を負担するものとされ、その負担割合と精算基準とは法令に明示されている。しかし、精算基準の単価は、経済の実勢を反映していないことが多く、自治体は本来支払う必要のない経費まで負担させられることが少なくなかった。この超過負担問題は、革新市長会、全国市長会、全国知事会など自治体首長の全国組織から厳しい批判を受けるに至った。その結果、多くの項目に関して精算基準の単価の改定が行われ、超過負担問題はかなりの程度緩和されたといえる。

一九八〇年代にも、機関委任事務をめぐってさまざまな動きがあったが、その一つが「裁判抜き代執行」の問題であった。当時の地方自治法では、機関委任事務の執行に関して、都道府県知事が担当大臣の指揮命令に従わなかった場合、あるいは市区町村長が知事の指揮命令に従わなかった場合、最終的には担当大臣あるいは知事が、代わって執行する（代執行）ことができるとしていた。ただ、代執行に至るまでに裁判の手続きが必要とされており、まず担当大臣（あるいは知事）は、知事（あるいは市区町村長）にたいする職務執行命令を出すよう、裁判所に請求する。知事（あるいは市区町村長）が法廷の職務執行命令にも従わない場合、担当大臣（あるいは知事）は再度法廷に確認を求め、確認が得られれば、知事（あるいは市区町村長）に代わって執行する。それと同時に、内閣総理大臣（あるいは知事）は知事（あるいは市区町村長）を罷免することができるとされていた。

この制度には、公選された知事や市区町村長を住民の意思とは無関係に罷免するという規定があり、それは地方自治の趣旨に反するという批判が強かった。ただ、罷免という事態にまで進展するには、再度にわたる裁判が必要であり、指揮命令が合法的であったか否か、あるいは指揮命令に従わなかったことには正当な理由があったか否かが、公開の法廷で論議され、最後は司法の判断に委ねられた。こうした仕組みは、安易な罷免が行われることを防ぐ効果をもっていたといってよい。むしろ、国の側から見た場合の問題点は、代執行が早急に必要とされる場合でも、手続きに時間がかかり過ぎるということであろう。そこで、一九九一年に改正された地方自治法では、職務執行命令訴訟だけで代執行ができるようになり、その代わり首長を罷免するという規定は廃止された。九六年に沖縄の米軍基地用地の強制使用をめぐって、機関委任事務の一つである代理署名を拒否した太田昌秀・沖縄県知事にたいし、国は職務執行命令訴訟を起こし勝訴したが、その際にみられた迅速さこそ、国の政府が期待していたものといってよいであろう。

機関委任事務は、主として行政サービスの水準を全国一律に保つという観点から正当化されてきた。それがこうした機能を果たしてきたことは事実であるとしても、同時に自治体の創意工夫の余地を狭めてきたことも否定できない。そのため、地方自治の強化をめざす人々は、機関委任事務を廃止するかあるいは縮小することを要求してきた。一九八六年に成立した「機関委任事務の団体事務化法」は、一見こうした要求に応えたものであるかにみえる。それにより、八七年度から児童福祉、高齢者福祉、精神薄弱者福祉を中心とする一七法律三三項目の事務が、機関委任事務からはずされ、自治体の団体事務とされたからである。福祉事務の実施が自治体の手に移されたこと自体は、自治権を強化する第一歩とみることもできよう。しかし、この移行のねらいが、何よりも国の財政負担を軽減することにあったことは明らかであり、福祉事務を自治体の手に委ねたとしても、必要な財源の確保がなされていない以上、さしあたって福祉サービスの水準低下が避けられなかったことは事実である。

## ◆自治・分権の推進と首長

二〇〇〇年の改革によって、機関委任事務制度が全廃された。首長は特定の仕事について各省大臣の地方機関であるという制度矛盾が解消された。首長は名実ともに自治体の住民の政治的代表機関になったといえる。しかし、首長をトップとした自治体の行政機構が制度変化に対応するためには、まだまだ多くの課題を残していよう。

機関委任事務制度は、自治体にたいして厳しい統制を加えた。だが、自治体側にも制度への安住ないし依存が生じていたことも、率直に認めておかねばならないであろう。たとえば、機関委任事務には住民に対する許可、認可などの規制行政にかかわるものが多数あった。自治体行政機構は、住民からの事務処理に関する苦情にたいして「自らには権限がない」と責任を国に「転嫁」することも可能であった。

また、機関委任事務の執行については、中央各省から通達・通知、行政実例といった処理のマニュアルが示されていた。その結果、自らの判断で事務を処理するよりはむしろ、こうしたマニュアルへの依存指向を深めた。それは今日においても、なお完全に払拭されているとはいえない。首長は自らの権限と責任において自治体行政を展開することに強力なリーダーシップを発揮せねばならないであろう。そのためにも、九〇年代末より「改革派」とよばれる首長が試みている情報の徹底した公開による意思決定の透明性の確保や、それによる説明責任の遂行が不可欠となっている。

ところで、二〇〇〇年の改革は、日本の地方自治にとって新しい時代を画すものであるのはたしかである。だがそれは、団体自治の前進を意味していても、住民自治の徹底を意味するものではない。したがって、住民自治の強化に向けた制度改革や運動の展開が問われている。

では、住民自治はさしあたっていかなる目標をめざすべきであろうか。第一に、自治体の統治機構の多様化を認めて、具体的にいかなる統治機構を選択するのかの決定を住民にゆだねるべきだろう。日本の自治体の統治機構は、地方自治法によってほぼ全国一律に定められている。それは住民が地方自治の諸制度を理解するのを容易にしているという評価もある。それは一面の真理ではある。しかし、住民自治を強化する観点に立てば、この制度が住民を受動的立場においていることは明白である。アメリカの中小都市に一般的なシティ・マネージャー制度（市議会が選任した行政の専門家に市行政の管理運営をゆだねる制度）の導入や、市議会の定数、任期、選出方法の自治体自身による決定など、自治体政府のあり方を自由化し、その決定を住民主導のもとにおく必要があろう。

第二に、現在の地方議会は余りにも代表制の側面を強調しすぎている。地方自治とくに住民自治においては、直接民主主義の側面が重要な意味をもつのは改めて指摘するまでもない。その意味で地方議会もまた、当然に住民参加の媒体としての役割を果たさねばならない。この点は次章で改めて述べるが、運営方法の徹底した改革を必要としている。

第三に、直接民主主義を保障するレフェレンダムやイニシアティブの制度を拡充すべきである。現在の地方自治法でも、首長や議員の解職請求、議会の解散請求、条例の制定改廃請求などの直接請求権が認められているのはたしかである。しかし、それは基本的に代表制を前提とする制度であって、間接民主主義を補完するものにすぎない。最近、住民投票を条例によって制度化する自治体も増えている。だが、より積極的に法制化するとともに、住民自身が提案した条例案を住民自身の投票によって条例化しうる制度を確立すべきであろう。

このような住民自治の保障をもとめて自治基本条例を制定する動きが生まれている。住民が自治体の主権者であることを宣言し、それをベースとして首長、議会、職員機構などの責務を条例として定めようとするものである。自治・分権の推進のベースは住民自治にあるのであって、自治基本条例制定運動のゆくえが注目される。

# 4 地方議会

## ◆画一的な地方議会の制度

日本の自治体の政治制度は「二元的代表制」ないし「大統領制」と表現される。住民は直接公選で首長を選出するとともに、地方議会議員を選出する。首長は自治体の代表であり執行機関の長である。一方の地方議会は議事機関とされている。自治体の政治的意思の決定は、これら二つの住民の代表機関による抑制と均衡を基本としている。

とはいえ、日本の自治体の政治制度は高度に画一的である。都道府県・市町村の別を問わず、二つの代表機関がおかれ、しかも、それらの権限上の関係は前章でみたように、「強い首長と弱い議会」を特徴としている。こうした地方議会の姿、あるいは議会と首長との関係は、しばしば引証されるイギリスやアメリカと比較してみると、かなり特異であるといってもよい。

イギリスの場合、カウンシル（Council）とよばれる直接公選の議会が、ディストリクトと総称される基礎的自治体に設置されている。この限りでは全国画一的であるけれども、カウンシルは、自治体の執行機関と議事機関の権能をあわせもっている。カウンシルには、委員会が設置されているが、これはたんなる専門分野別の議事機関ではなく、行政各部の執行責任を負っている。そして、教育委員会の場合には、議員だけで構成されるのではなく、その半数を超えない範囲で、住民を加えることができる。ただし、カウンシルの教育委員会は、教育部の長ではあるが、一九八八年の教育行政改革法によって実質的権限を弱体化させた。この法律は、公立学校ごとに保護者や地域住民からなる理事会（Executive Board）を設け、そこに学校の予算や人事の決定権を与えた。

アメリカの場合には、州ごとどころか州内の自治体ごとに政治制度が多様である。大きく分類するだけでも、市長・議会制（Mayor-Council Plan）、議会・支配人制（Council-Manager Plan）、委員会制（Commission Plan）に分けられる。市長・議会制は日本と同様に二つの代表機関が住民の直接公選で選出される。ただし、市長と議会の権限関係は、前者が優位するとは限らない。議会・支配人制では、住民によって直接公選された議会が執行機関であり議事機関であるが、議会は行政部の最高責任者である支配人を専門能力を考慮して外部から任用する。支配人は、議会の監督のもとで予算案や人事案件の作成、事業の執行を担う。ただし議会はつねに支配人の解任の権限をもっている。委員会制では、少数の委員（コミッショナー）が直接公選で選出され、彼・彼女は行政各部の執行責任を負う。このように、少し外国に目を転じるだけでも、地方議会の権限や機能は多様である。

ところで、日本の地方議会は、首長との関係を基本とする権限面で画一的であるばかりではない。議員定数や内部組織についても画一的に定められている。地方議会の議員定数は、都道府県議会については地方自治法第九〇条に、市町村議会については同第九一条に人口段階別に詳細な上限が定められており、その範囲内で条例で定められる。従来は、多くの自治体が上限いっぱいの定数を条例で定めていたが、近年、歳出削減に応えるとしてその一割程度を減員する傾向が、都道府県や大都市を中心としてみられる。

議会は首長によって招集される（地方自治法第一〇一条）。議会は定例会と臨時会に区分される。定例会は年四回以内で条例で定める回数とされ、これ以外に臨時会が招集されることがある（同第一〇二条）。臨時会は、首長が必要と判断した時、および議員の四分の一以上から会議に付議する案件を示して首長に招集の請求があった時（同第一〇一条、第一〇二条）、住民による条例制定改廃の直接請求が成立した時（同第七四条）である。

議会には議長と副議長がおかれねばならない（第一〇三条）が、議会審議は本会議（議員全員の会議）ではなく、行政分野別に設けられる常任委員会での審議を基本としている。常任委員会の設置は、条例で定められる。また議会は条例で議会運営委員会をおくことができる（第一〇九条、第一〇九条の二）。

議会に常任委員会をおくかどうかは、議会の裁量的判断である。だが実際には、小規模の町村の議会にも常任委員会が設けられている。常任委員会のほかに、地方議会は条例で特別委員会を設けることができるとされており、その時々の地域問題を審議する特別委員会が多くの自治体で設置されている。ただし、特別委員会は、こうしたアドホックな問題を審議するものだけではない。予算ならびに決算を審議する委員会も、特別委員会として設置されている。

なお、地方自治法第九四条は、町村について議会をおかずに選挙権をもつ住民の総会（町村総会）を条例で設置できるとしている。小規模町村が議会をおき、常任委員会や特別委員会を設置し、その役職者を選任することには批判も存在する。しかし、町村総会は戦後の一時期、神奈川県芦ノ湖村（現箱根町）に設けられていたが、現在、町村総会を設置している自治体は存在しない。

## ◆地方議会の役割と機能

地方議会は国会と違って「自治体権力の最高機関」でもなければ、「唯一の立法機関」でもない。地方自治法の定める議会の議決案件は、自治体の仕事のすべてを被うものではない。3章で述べたように、重要事項であっても議決の必要のないものがある。

とりわけ、機関委任事務制度の存続していた時代には、首長は主務大臣の地方機関と位置づけられており、議会は機関委任事務の執行に関与できなかった。首長と議会は、それぞれが住民の代表機関であるが、他方で首長に中央政府の地方機関としての役割が付与されたことで、「機関対立主義」を宿命としていた。ただし、二〇〇〇年四月の改革によって機関委任事務制度は廃止された。首長と議会はしばしば「車の両輪」と語ってきたが、この改革によって基本的に対等な制度関係になったといえる。それだけに、議会の役割、機能、制度運用についての改革を求められている。

地方議会が発揮するべき役割や機能とはどのようなものだろうか。大きく四点を指摘できるだろう。

第一は、地域社会における多種多様な争点を政治過程にのせることである。時にそれは、「ドブ板活動」と皮肉をいわれることもあるが、地域的利害を政治過程にのせることと、その実現のゴリ押しとは、区別されるべきである。ただし、このためには、のちにも述べるように、運営の透明性や市民の意思を問うシステムを工夫せねばならない。第二に、審議を通じてそれらの争点に政策としての優先順位を与え、市民に示すことである。また、首長の提案する条例案などを市民の観点から評価するとともに、議会自ら条例案などの提案を通じて、政策・事業のイノベーション（革新）を図っていくことである。第三に、首長との競争と緊張関係を保ちつつ、自治体の公的意思を形成していくことである。このなかには、中央政府への自治体としての意見の申し入れや国際社会に向けた自治体の意思の表示も含まれる。第四に、首長と職員機構による行政執行の適正さや有効性を、評価し統制していくことである。

このような役割が実際に発揮されているのかどうかには、これまでにも多くの議論が存在する。一方に肯定的評価もあれば、他方には強い否定的評価がある。いずれにせよ、ここで注意しておきたいのは、地方議会が一つの政治的価値観で彩られた一体性をもっていないことである。とくに一九六〇年代の大規模な都市化の時代を境として、地方議会の政党化、しかも多党化が進んだ。都道府県や都市の議会にみるこの傾向は、今後とも強まることはあっても弱まりはしないであろう。首長との関係も、政党政治によって定まる傾向にある。したがって、地方議会の制度上の権限や機能は、好むと好まざるとに関係なく、政党政治をもとにした首長との関係に影響されるところが大きい。

## ◆地方議員の二つの顔と総与党体制

議員は自治体政治における市民の代表である。支持者である市民の意向や選出基盤の利益を自治体の政治過程に反映させつつ、行政をコントロールする役割を負わされている。しかし、他方において地方議員の多くは、政党化の進行とともに、中央から地方に至る政党機構のなかに深く組み込まれてきた。都道府県議会の議員は、政党の都道府県本部の役員を兼ねており、市町村の議員はそれらの支部役員となっている。彼らは地域における政党の集票マシーンの中枢に位置している。衆議院議員の選挙制度が、かつての中選挙区制度から小選挙区・比例代表並立型に変わったことによって、衆議院議員の系列による対立や分裂は弱まっているが、二〇〇五年の衆議院総選挙にみるように、政党の地方支部は依然として大きな影響力をもっている。

地方議員は、個々の自治体における地方政治家であるばかりか、中央から地方に至る政党系列のなかでの政治家でもある。地方議員は、このチャンネルを用いつつ中央から利益を導き出そうとするし、政党や国会議員は、逆にこの系列を通じて選挙区住民に利益還元を図り、選挙基盤の強化を図ろうとする。それは、政党政治にともなう「宿命」といえないこともない。しかも、実際の首長と議会の関係が、政党を媒介にした政治的関係に大きく左右され、先に述べたような地方議会の役割の追求を妨げている。

表4-1と表4-2に見るように、近年の首長選挙における特徴は、中央政界において与野党関係にある政党が、協調して首長の与党になっていることである。一般にこの現象を「総与党体制」ないし「与

**表 4-1　都道府県知事選挙における政党「相乗り」状況**

| 「相乗り」の状況 | 「相乗り」数 | 都道府県数 |
|---|---|---|
| 自民単独 | — | 0 |
| 自民を含む「相乗り」 | 2党 | 7 |
| | 3党 | 11 |
| | 4党 | 13 |
| 非自民単独 | — | 2 |
| 自民を含まない「相乗り」 | 2党 | 1 |
| 無所属 | — | 13 |
| 合　計 | | 47 |

出典　地方自治総合研究所『全国首長名簿・2004年版』(2005年3月).

野党相乗り」という。

もともと、自治体政治における総与党体制の強まりは、一九七〇年代末からの財政危機と無縁ではない。六〇年代から七〇年代前半にみられた「革新」首長（一般的には、旧社会党や共産党の支持や推薦を受けた首長をいうが、ここでは当時の経済開発優先政策に対抗する住民に広く支持された首長を指す）を頂いた時代には、首長をめぐる与野党関係には厳しいものがあった。地方議会内においても、重厚長大型産業に依存したまちづくりなのか、それとも環境の保全を重視したまちづくりなのかが、活発に議論された。

だが、一九八〇年代以降の財政危機の深まりとともに、それぞれの政党は首長の与党へと転換することによって、支持集団への利益還元の維持を図ろうとしたのである。他方で、自治体は、地元選出議員を動員して、自らに有利な事業を中央省庁から引き出そうとしてきた。総与党体制の深まりは、首長と地方議会との緊張感を失わせる。議会内の争点も基本的には姿を消してしまう。地方議員や首長選挙において、回を追うごとに投

表 4-2　市区長の推薦・支持状況（2004 年）

| 組み合わせ | 首長数 | 小　計 | 割　合 |
|---|---|---|---|
| 自 | 50 | | |
| 民 | 12 | | |
| 公 | 26 | 102 | 14.2% |
| 共 | 12 | | |
| 社 | 2 | | |
| 自民 | 12 | | |
| 自公 | 76 | | |
| 自社 | 4 | | |
| 民公 | 6 | | |
| 民社 | 5 | 111 | 15.5% |
| 公共 | 1 | | |
| 公社 | 4 | | |
| 共社 | 3 | | |
| 自民公 | 81 | | |
| 自民社 | 7 | | |
| 自公社 | 11 | | |
| 民公社 | 6 | 108 | 15.0% |
| 民共社 | 2 | | |
| 公共社 | 1 | | |
| 自民公社 | 71 | 71 | 9.9% |
| 無 | 319 | 319 | 44.4% |
| その他 | 7 | 7 | 1.0% |
| 計 | 718 | 718 | 100.0% |

出典　表 4-1 に同じ.

票率の低下が深刻となっているが、これも総与党体制と無縁ではない。議会の政策決定能力の低さや議員の資質を問う声には強いものがあるが、自治体政治における政治的緊張の欠如を問題視しないかぎり、議会の制度改革も意味をなさないといえる。中央であれ自治体であれ政党は、政策を主軸として競争しなくてはならない。背後の支持基盤への利益の還元だけを重視する政党活動は、政党の「死滅」に等しいというべきであろう。

### ◆地方議会の改革

地方政治における政治的緊張の回復には、議会の制度や運営の改革を必要としていよう。自治体政治における総与党体制を問題視しつつ、同時に議会の改革についても考えておかなくてはならない。改革のポイントとして、次のような事項が指摘できよう。

第一に、議会独自の調査機構の整備である。議会には議会事務局が設けられている。都道府県の場合議会事務局は必ず設置しなければならない。設置が任意である市においては全市が、町村では約九七％が議会事務局を設置している。設置状況だけを見るならば、ほぼ完備の状態にあるけれども、一般に、議会事務局の調査機能は弱体である。地方議会の議長には、事務局職員の任免権限がある。しかし、議会事務局の職員人事は、実際には首長の人事となっている。首長部局に相当のポストがないとき、あるいは退職間近な職員の俸給表上の地位を上げる必要などに応じて、議会事務局のポストが使われている。地方議会が独自に職員を採用しているところは皆無であり、首長部局の職員の異動先となっている。地方議員の政策能力の向上のためにも、事務局職員に独自人事システムを確立すべきであり、調査スタッフの充実が問われている。

事務局人事に議長の人事権を制度的に確立すべきなのだが、同時に個々の議会が事務局職員を採用することの弊害もみておくべきだろう。職員が長年にわたって同一議会事務局に勤務することは、経験の蓄積よりはむしろ市民の代表である議員の活動を阻害することにもなりかねない。したがって、県あるいはブロックごとに議会事務局の事務組合ないし広域連合を作り、多様な自治体を異動することや任期付き職員の採用といったことが考慮されねばならないであろう。

第二に、議会の情報公開が必要である。情報公開条例の制定にともなって、議会もまた情報公開（公文書公開）の義務を負う状況が生まれている。しかし、情報公開条例の制定以前の問題として、議会は常任委員会の市民への公開はもとより、常任・特別委員会議事録の整備と公開を独自に行うべきなのである。常任委員会などの公開（傍聴）を規制している議会は、けっして少なくない。議事録についても、委員会議事録ともなれば、要点記録のみで満足に作成されていないところが多い。

第三に、議会運営上からも住民に開かれた議会へと脱却しなくてはならないであろう。たとえば、住民は請願や陳情を議会に提出する。しかし、請願・陳情の審議がいつ、どのように行われるのかを住民に知らせる議会は、ほとんどといってよいほど存在していない。こうした知らせはもとよりとして、審議に当たる委員会に請願者や陳情者を招き、意見を聞くのは民主主義の当然の手続きであるだろう。だが、これが行われているところはきわめて少ない。また、議会内の正副議長や正副委員長などの役職配分、審議する案件の取り扱いや会派別の質問時間などの運営についても、議会運営委員会ではなく各派代表者会議といった非公式な場で決められているところが多い。また、本会議を土曜、日曜に開催する議会も生まれてはいるが、都道府県、大都市ともなれば、まったく試みられていない。議会は住民のうえに「超然」とそびえる意思決定機関ではない。住民と議会との間に作り出されてきた「壁」は、議会自ら取り除かねばならない。

第四に、議会・議員の経費の公開である。議員の報酬が適正かどうかには議論がある。市民の多様な職業、経済的階層をできうる限り反映した議員構成とするためには、金額の再考を要するとしても報酬は必要である。しかし、報酬に加えた費用支弁が適正かどうかは、議会自ら取り組むべき課題である。

議会に出席するたびに費用支弁が報酬とは別に支出されているところが多い。また、議員には条例にもとづいて政務調査費が支出されている。この額については、自治体の規模によって大きな違いがある。しかし、大半のところで、議員個人にではなく構成員数に応じて所属する会派に支出されている。しかも、使途について詳細な支出明細の証明書と事業報告を求めているところはきわめて少数である。

地方議員の資産の公開も必要とされよう。現在、自治体の首長については、条例を制定して資産の公開を行うことが義務づけられているが、議員については対象外とされている。もちろん、自治体のなかには、川崎市のように条例で議員まで含めた資産の公開の仕組みを整えているところもあるが、数はきわめて限られている。自治体といえども、議員は権限の行使に多くの影響力を発揮している。住民からの信頼を高めるためにも、一定期間ごとに資産を公開し、第三者機関の審査を受ける必要がある。

このように、議会・議員の活動をめぐる経費の公開や議員の資産の公開は、議会が市民の代表機関としての「正当性」を主張するためにも、不可欠であるといってよい。

## ◆地方議会への女性議員の登場

ところで、近年の地方議会選挙に見られる一つの特徴は、女性議員の進出である。とりわけ、一九八七年の統一地方選挙においては、この傾向が一段と強まった。道府県議員選挙での女性当選者は、それまで六四年の選挙における三九人が過去最高であった。八三年は三〇人であったが、八七年には一挙に五二人となり、九一年、九五年の統一地方選挙においても、この傾向に変化はなかった。また、横浜、川崎などの政令指定都市、東京特別区の議会や大都市圏の市議会にも多数の無党派の女性議員が誕生した。その結果、二〇〇四年一二月三一日現在で、女性の都道府県議会議員は一九四人（六・九％）、市区町村議会議員は四四四二人（八・二％）となっている。とはいえ、首長と同様に地方議員の性別格差は著しいといわねばなるまい。

女性議員候補が地方選挙に進出をみた背景には、従来、ある種の集票効果を狙った選挙戦術的側面があった。しかし、近年の傾向は、こうした要因からでは説明しづらい。地方議員となった女性議員の多くは無党派の市民であり、政党との関係をもたないものが多い。地域に根ざした生活者として、自然保護、福祉、保健、教育などのあり方を追求していこうとするものが多数を占めている。

これは、首長との関係において「密室化」を深め、他方において、中央から地方に至る政党機構に深く組み込まれた、地方議員・地方議会にたいする重要なプロテストといえるだろう。それゆえに、こうした女性議員たちは、議会における「慣例」や「先例」に戸惑いながらも、議会の公開性の確保に向けて奮闘している。「職業集団」としての地方議員にたいする「アマチュア」の戦いとも評されるが、ここには地方政治における政治文化の変容が見てとれるだろう。今後一層、女性の地方議会進出が加速されるのかどうかは、必ずしも定かではない。とはいえ、「アマチュア」の台頭が地方政治の底流を形成しているのは確かである。「強い首長・弱い議会」論に安住した議会運営は、限界に当面しているといえるだろう。

## ◆地方議会と住民投票制度

地方議会への女性議員の進出とならんで、近年、各地の自治体において住民から問題提起されているのは、住民投票制度の創設である。一九八二年に高知県窪川町は、原子力発電所の立地についての住民投票条例を制定した。この条例にもとづく住民投票は、四国電力が窪川町での原発立地を断念したため行われなかった。

近年では、九五年に新潟県巻町において、同様に原発立地の是非を問う住民投票条例が制定され、九六年八月四日に住民投票が行われた。八八%という高い投票率のもとで原発立地反対票が圧倒的多数を占めた。また沖縄県も九六年六月にアメリカ軍基地の是非を問う住民投票条例を制定し、九月八日に投票が実施された。原発立地や米軍基地という高度に国政と密着する争点ばかりではなく、より地域的問題についても、条例制定改廃の直接請求制度を用いた、住民投票制度の創設を求める運動が、各地で展開されている。このなかには、鹿児島市の歴史的建造物（西田橋）の保全や東京都大田区のような庁舎移転賛否を住民投票に求めたものもあった。さらに、二〇〇〇年以降は、折しも大規模に進行した市町村合併の是非をめぐって、全国各地で住民投票が実施された。二〇〇一年七月一日から二〇〇四年一二月一〇日までに行われた条例にもとづく住民投票は二五四件であり、このうち合併の是非を問う住民投票が一八七件（七三・六%）を占めている。

日本の地方自治制度には、住民の意思を直接投票で確認する制度は、きわめて限られている。直接請求制度による長の解職や議会の解散の請求が成立した場合に、住民投票が行われる。だが、地域社会における何らかの重大な問題が生じた時に、直接住民の意思を聞く投票制度は設けられていない。また条例制定改廃請求にしても、住民は有権者の五〇分の一の連署をもって長に発議できるが、最終的決定権限は議会にあり、アメリカの自治体や州政府に制度化されているレファレンダムやイニシアティブとは異なっている。こうしたなかで、愛知県高浜市、神奈川県大和市のように、条例でもって常設型の住民投票制度を設けたところもある。

住民投票制度の創設を求める動きは、先に述べた女性の議会進出と事情を同じくしているだろう。なるほど、議員や首長は住民の直接公選で選出されているが、任期中に生じる問題は、選挙時にあり方を問うたものとは限られない。また条例の発議は、主として首長サイドから行われているのが実態であり、議会が首長提案に的確に対応しているとはいいづらい側面がある。重要な地域社会の争点についての決定や条例の発議と決定のチャンネルは、より多元的であってよいはずである。それは地域社会におけるデモクラシーの充実に道を拓くであろう。また首長と議会との緊張感を高めることにもつながる。地方議会や首長は、住民投票を自らの立場を脅かすものと考えるべきではない。首長・議会制度と住民投票制度は、地域のデモクラシーにとって車の両輪ととらえるべきである。

もちろん、住民投票制度の創設のためには、発議の条件や投票の管理などの技術的な工夫が必要である。それらは、制度設計論として大いに議論されなくてはなるまい。いずれにしても、個々の自治体の条例で住民投票制度を作るのではなく、地方自治法を改正してもう一つの自治体意思の決定制度として、導入される必要があるだろう。もともと、地方自治法は、町村については住民総会をもって議会に代えることができると定めているのであり（第九四条）、法の趣旨に反するものではないといえよう。

# 5

# ◆地方税制と自治体

## ◆地方税制と自治

自治体は、地域住民に最も身近な政府である。中央政府の地方行政機関ではなく、「政府」であるための条件は、住民の公選にもとづく政治的代表機関を有することをはじめとして、さまざまに指摘できる。とはいえ、政治的代表機関とならんで独立の税源にもとづく課税権（租税の賦課徴収権）の確立が、不可欠の条件である。

自治体が独立の税源（地方独立税）をもつようになったのは、一九四九年の「シャウプ勧告」にもとづく改革によってであった。連合国軍最高司令官総司令部（ＧＨＱ）は、日本の税制を改革するために、当時コロンビア大学の財政学の教授であったＣ・シャウプを団長とする「日本税制使節団」を招いた。使節団は、四月に来日し約半年間の調査を経て、九月に一般に「シャウプ勧告」といわれる報告書を、Ｄ・マッカーサーに提出した。それを受けて日本政府は、中央―自治体におよぶ税制の改革に着手したのである。
シャウプ勧告が、その細部にわたって忠実に実現されたわけではない。ただし、これによって、戦前期からの地方付加税（国や上部団体の租税を標準とし、その一定割合を地方の独立財源とするもの）から、地方独立税にもとづく自治体の課税自主権が、法制度上の原則として確立された。それは中央政府と自治体の間で税源を分離させるとともに、市町村と都道府県の間でも、税源を分離させることになった。市町村の基幹的税が固定資産税であり、道府県のそれが法人事業税であるのは、この具体的表れである。

ところで、地方税は、それぞれの自治体が定める賦課徴収条例にもとづき、住民や法人に課税される。右に述べた税源の独立と条例による課税は、自治体の自治権の確立を重視したものといえる。とはいえ、自治体の課税の自主権、言い換えれば、自治体の自治的課税政策の余地は制約されている。

地方税の種類や税率、徴税手続きなどを定めた法律に地方税法がある。これは自治体の自主課税権を基本とするならば、地方税制についての基準法であるといえよう。ところが実際には、地方税法の規定は詳細をきわめているばかりか、自治体の税務行政を高度にコントロールしている。道府県、市町村が賦課できる税目と納税義務者はもとより、課税客体（具体的課税対象）や課税標準（課税客体の価値）、税率などを画一的に定めている。とりわけ税率については、標準税率（後に述べる地方交付税の基準財政収入額の算定に用いられる税率であって、特別の事情がない限り自治体が用いるべき税率）、標準税率にたいする制限税率、一定税率の区分をもとに、それぞれの税目ごとに具体的税率を定めている。この結果、自治体の定める税目ごとの賦課徴収条例は、地方税法の規定を引き写しているのに等しい状況におかれている。

地方税法に定められた税目に加えて、自治体は特別の事情のある時に「法定外普通税」を、自治大臣の許可を得て課すことができるとされてきた。この規定は二〇〇〇年四月の地方分権一括法の施行によって、「法定外目的税」にも広げられた。また従来の自治大臣の許可は、法定外普通税、目的税の双方ともに総務相との協議にもとづく同意にあらためられた。新設された法定外目的税の動向については、のちに述べる。ただ、地方税法に法定された税目（税源）が包括的であり、有力な収入を得られる税源の余地は、ほとんどないといってよい。つまり、自治体の課税自主権は、原則的には承認されているが、実際の運用面では依然として集権的色彩が濃い。そこに現代日本の地方税制が抱える重要な問題が横たわっている。

## ◆地方税の分類と種類

自治体にとって課税権を共有しているのは、中央政府（国）である。税源をそれぞれ独立させる時、自治体にはどのような性格の税源が望ましいのだろうか。地方税制の課税原則については、さまざまな議論が交わされてきた。

その一つの考え方に負担分任論がある。地方自治法は、「住民は、法律の定めるところにより、その属する普通地方公共団体の役務の提供をひとしく受ける権利を有し、その負担を分任する義務を負う」

（第一〇条二項）と定めている。これを単純に理解すると、自治体の住民が「平等」に租税を徴収されることになる。イギリスのサッチャー政権崩壊の理由ともなった人頭税（ポール・タックスあるいはコミュニティ・チャージ）は、こうした考えにもとづく租税の典型である。ただし、税は権力的に徴収される以上、負担の公平性とそれによる所得の平準化に機能するものでなくてはならない。言い換えれば、所得税にみるような累進性を重要な原則としなくてはならない。

この意味では、中央政府と自治体は、税制の基本原則を同じくしている。また税収入が事業の有力な財源である時、それは収入の安定性や充分性を備えるものでなくてはならない。ここでも両者の税制原則は同一である。ただし、中央政府は、国という広範囲な地理的空間を対象として税制を設計できる。だが自治体は、一定の限られた地理的空間を対象としており、しかも住民生活の安定に向けて機能しなくてはならない。したがって、国税の税源は特定地域に偏在していても、収入の安定性が損なわれるとはいえない（それが国土構造として望ましいか否かは別問題）。だが地方税の税源は、普遍的であることが望まれる。シャウプ勧告が、市町村の税として固定資産税を主張した理由もここにある。

ともあれ、実際の地方税制は、いずれかの原則によって貫かれているわけではない。同一額の税負担も一部に取り入れられている。税制累進性が高度に備わっているとは、必ずしもいえない。税源の普遍性も地方税制の全部を彩っているわけではない。多様な原則の組み合わせとして、現実の地方税が設けられているといえよう。以下、こうした点を前提として、地方税制を理解するための基本的事項を整理しておこう。

**図 5-1**　市町村税収入額の状況（2003 年度決算）

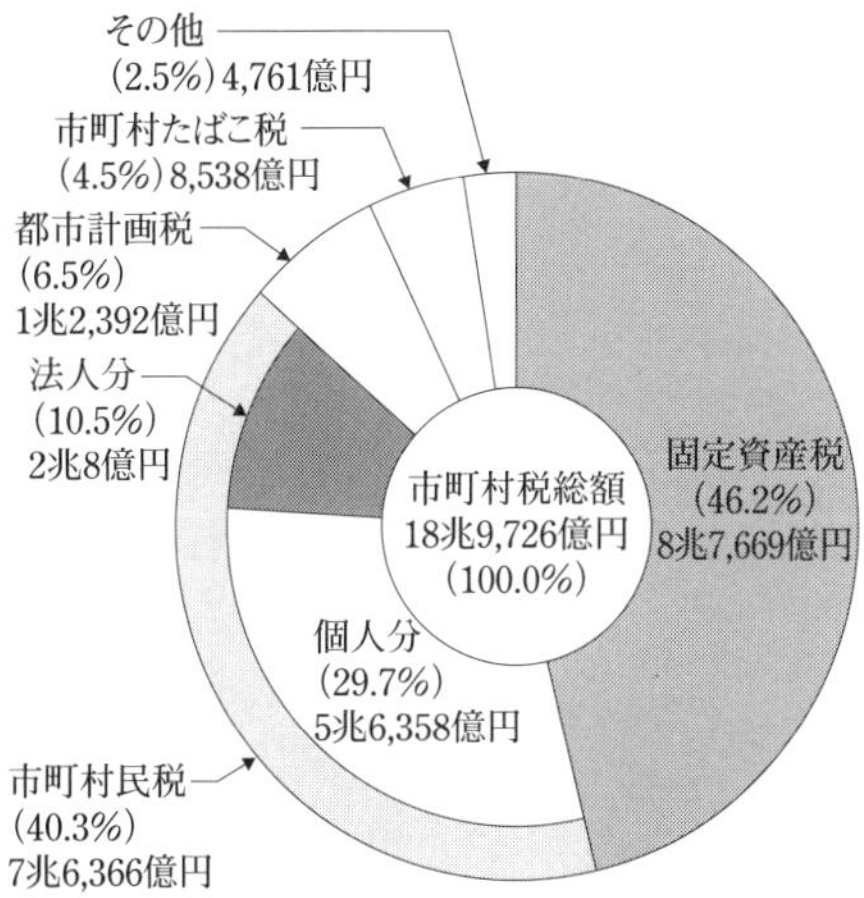


出典　総務省編『地方財政白書　平成 17 年版』（2005 年 3 月）．

**市町村税／道府県税**　先に述べたように、基礎的自治体である市町村と広域自治体である道府県とは、地方税の税源をそれぞれ独立させている。主たる市町村税は固定資産税、市町村民税、都市計画税、市町村たばこ税などである（図5－1）。一方、主たる道府県税は、事業税、道府県民税、地方消費税、自動車税、軽油引取税、不動産取得税、自動車取得税などである（図5－2）。

市町村民税は、個人分と法人分に分かれている。個人住民税の納税義務者は、市町村に住所を有する者、住所はもたないが事業所や家屋をもつ個人であり、前年度に所得がなかった者や生活保護などの社会的扶助を受けている者は除かれる。個人住民税には、「均等割」と「所得割」があり、所得の程度に応じて均等割のみを、ないしは均等割と所得割の合算額を納めなくてはならない。市町村内に事務所ないし事業所をもつ法人などに課される法人住民税の

図 5-2　道府県税収入額の状況（2003 年度決算）

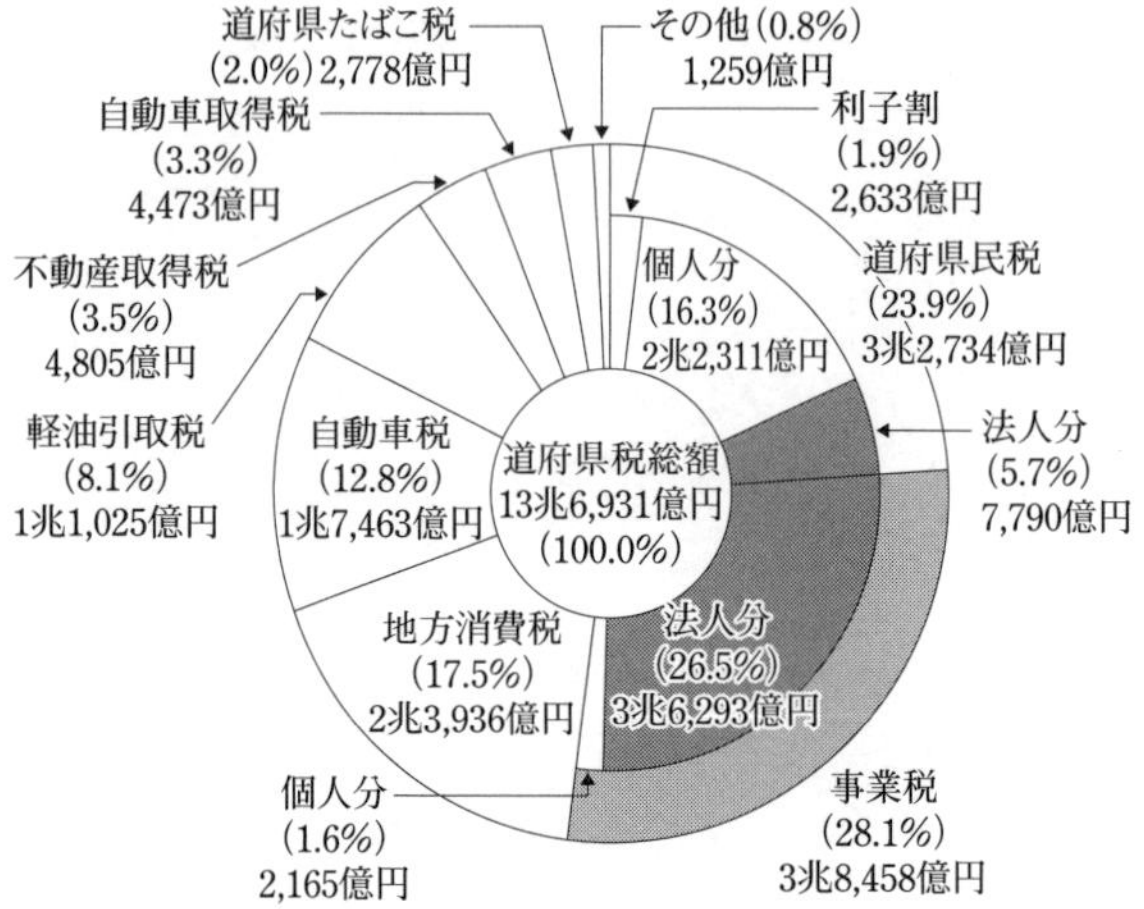


出典　図 5-1 に同じ．

仕組みも、基本的に個人住民税と同様である。均等割は、資本金の規模と従業員数のそれを組み合わせて決められている。また所得割の算定基準は法人所得税の納税額を課税標準とする。市町村税のもう一つの大宗である固定資産税は、土地・家屋・償却資産を課税客体としており、納税義務者は原則としてこれら固定資産の保有者である。課税標準となる土地の評価は、三年ごとに行われる。

道府県民税も個人分と法人分に分かれている。個人住民税・法人住民税ともに、均等割と所得割から構成されている。納税義務者も市町村民税と変わらない。ただし、法人住民税の均等割の基準は、資本金などの規模のみによっている。

道府県の住民税とならぶ主要な税は事業税であり、なかでも法人事業税である。シャウプ勧告は、道府県の税として付加価値税の導入を述べた。これは、いったんは地方税法にも規定されたが実施に移されないまま、一九四八年に戦前の営業税を改めた事業税が存続することになった。

法人事業税には、二〇〇四年度から外形標準課税が資本金一億円を超える法人に導入されているが、それについては後述する。二〇〇三年度までの仕組みについてまず述べておく。納税義務者は、基本的に営利事業を営む法人すべてである。課税標準は、事業の形態によって異なっている。電力・ガス供給業、生命保険・損害保険事業については収入であり、その他の事業は利益金である。標準税率も、これら収入金額を課税標準とする事業とその他では異なっている。また農業協同組合、消費生活協同組合などの特別法人と一般法人では異なっている。

法人事業税の納税義務者は、都道府県内のみで事業を行う事業者とは限られない。多くの納税義務者は、都道府県域を越えて事業を営んでおり、都道府県間で事業税額を分割しなくてはならない（「課税標準の分割」という）。この分割の仕組みは事業の形態ごとに異なっており、かつ複雑である。要点のみをいうと、電力供給業は納税総額の四分の三を電源固定資産の評価額、残りを事務所などの固定資産のそれで按分する。ガス供給業、倉庫業は事務所などの固定資産の評価額、鉄道事業は事務所などの所在する都道府県の軌道延長キロメートル数、銀行・保険業は、二分の一を事務所などの数、残りを従業員数、その他の事業については従業員数で、それぞれ按分する。

したがって、容易に推測されるように、重厚長大型産業が崩壊し、経済の情報化・サービス化が進行する今日、事業税は都道府県間の財政調整機能を一段と衰退させており、その改革が九〇年代初頭から課題とされた。

二〇〇四年度から資本金一億円を超える法人（全法人二四六万社のうち、約三万三千社）に適用された外形標準課税の概要は、次のとおりである。これらの法人は、所得に関する課税を四分の三、残り四分の一を外形標準による課税とされた。この外形標準による課税は、さらに二対一の割合で付加価値割と資本割とされている。付加価値割額は付加価値額の〇・四八％である。付加価値額は収益配分額（報酬給与額、純支払利子、純支払賃借料の合算額）に単年度損益を加えた額である。資本割額は資本金等の〇・二％である。

ところで、これまで「都道府県税」といわずに「道府県税」といい、政府の財政統計上も「道府県税」とされる理由について、簡単に触れておこう。東京都は、二三特別区部分について「東京市」としての権能をもっている。固定資産税や都市計画税などは東京都の税である。同時に東京都は、この架空の「東京市」とその他の市町村を包括する県としての権能をもつ。東京都の税収は、市としての課税権にもとづく部分と県としてのそれにもとづく部分に、分割されて集計される。「都道府県税」といわないゆえんである。

**普通税／目的税**　普通税といわれるのは、使途の特定されていない税である。目的税とは税収入の使途が特定されているものをいう。市町村税のうち代表的目的税は都市計画税である。都市計画区域内に土地・家屋を所有する個人・法人に課税される。収入は都市計画事業の財源とされる。このほか、国民健康保険税、入湯税、水利施設税なども目的税であり、国民健康保険事業、衛生環境改善事業、水利事業などに使途が特定されている。また、道府県の目的税には、自動車取得税、軽油引取税があり、これらはいずれも道路財源とされる。しかし、図5-1、2からもわかるように、地方税収入に占める目的税のシェアはそれほど大きくない。地方税の中心は普通税である。

**直接税／間接税**　大部分の地方税は、個人・法人の所得、収入、資産などを課税客体とする直接税であるが、一部に財やサービスの購入を課税客体とした間接税が導入されている。税は財・サービスの購入者が負担するが、納税義務者はそれらの販売者である。市町村の間接税は、市町村たばこ税、入湯税であり、道府県のそれは、地方消費税、道府県たばこ税、自動車取得税、軽油引取税などである。一九八九年の消費税の導入以前には、市町村の間接税として電気税、ガス税、木材引取税があったが、これらは廃止されている。道府県の間接税である地方消費税は、消費税額を課税標準としており税率は一〇〇分の二五である。そして地方消費税収額の二分の一が市町村に交付される。交付方法は二分の一を国勢調査人口で、二分の一を事業所統計の従業員数で按分するものである。

## ◆税収入の減少と不均衡

『地方財政白書』（二〇〇五年版）によると、二〇〇三年度における国税収入が四五兆三六九四億円（前年度比一・〇％減）であるのにたいして地方税収入の決算額は、三二兆六六五七億円であり、〇二年度に比較し二・一％の減収となっている。国税と地方税の推移は図5-3のとおりである。長引く不況が国税・地方税収に深刻な影を落としている。三二兆円余におよぶ地方税収入のうち、道府県税収入は図5-2のように、一三兆六九三一億円である。道府県税収入の減収率は一・九％であり、地方税収入全体

図 5-3　国税と地方税の推移

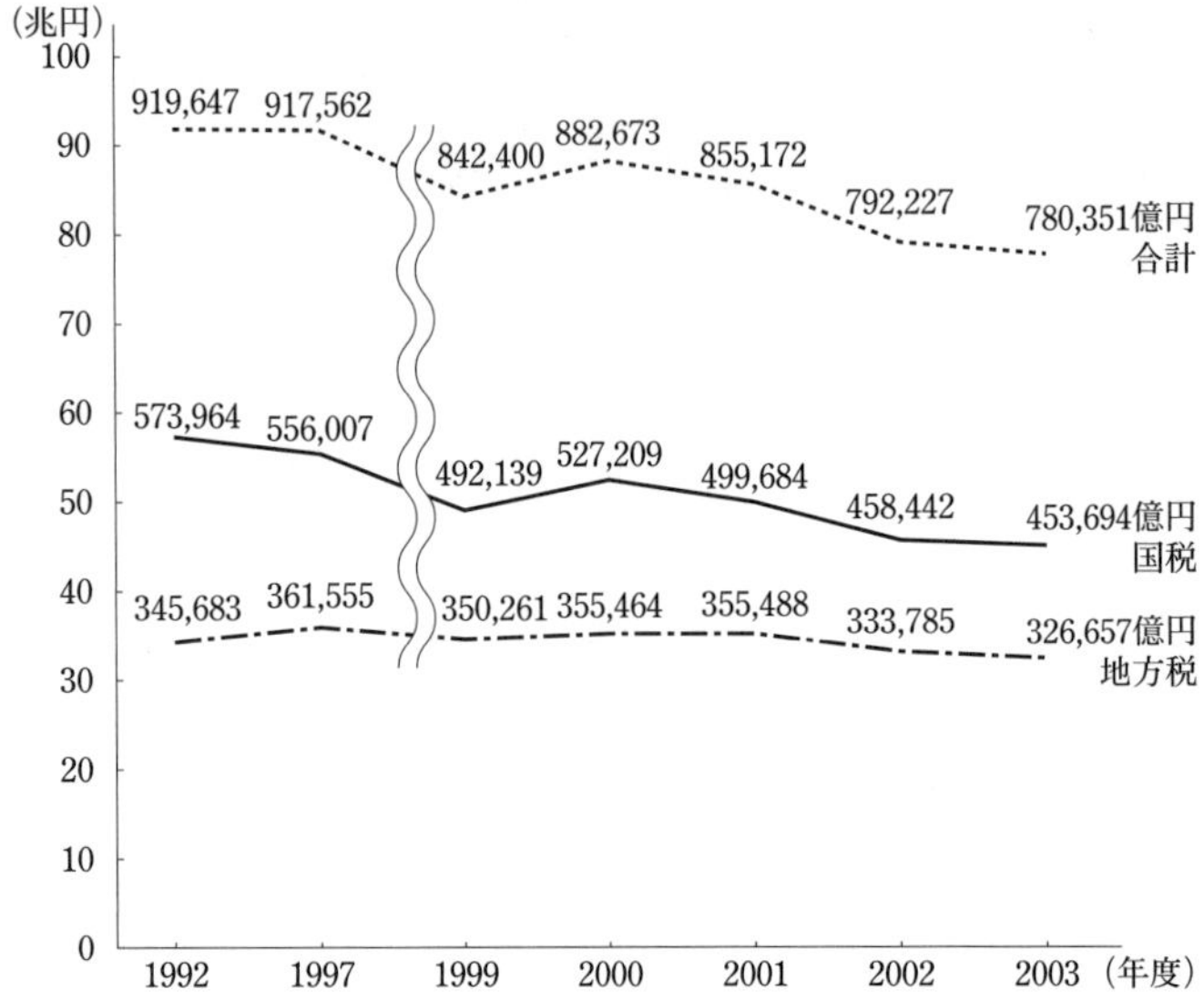


出典　図 5-1 と同じ．

のそれを下回っている。市町村税収入の総額は図5-1のように、一八兆九七二六億円である。これは前年度比で三・一%の減であり、二年続けて減収となっている。

ところで、減収傾向にある地方税にとって近年一段と深刻になっているのは、自治体間の収入格差が大きくなっていることである。図5-4は、全国平均を一〇〇とした場合の都道府県の住民一人あたり地方税収入（道府県税と市町村税の合算額）の指標である。地方税収全体では、東京都がきわだった高収入となっており、沖縄県との間には約三倍近い格差が生じている。とりわけ、所得課税である個人住民税、法人二税（法人道府県税、法人市町村民税、法人事業税）について

**図 5-4　地方税収計，個人住民税，法人二税，地方消費税及び固定資産税の人口1人当たり税収額の指数（全国平均を100とした場合，2003年度）**

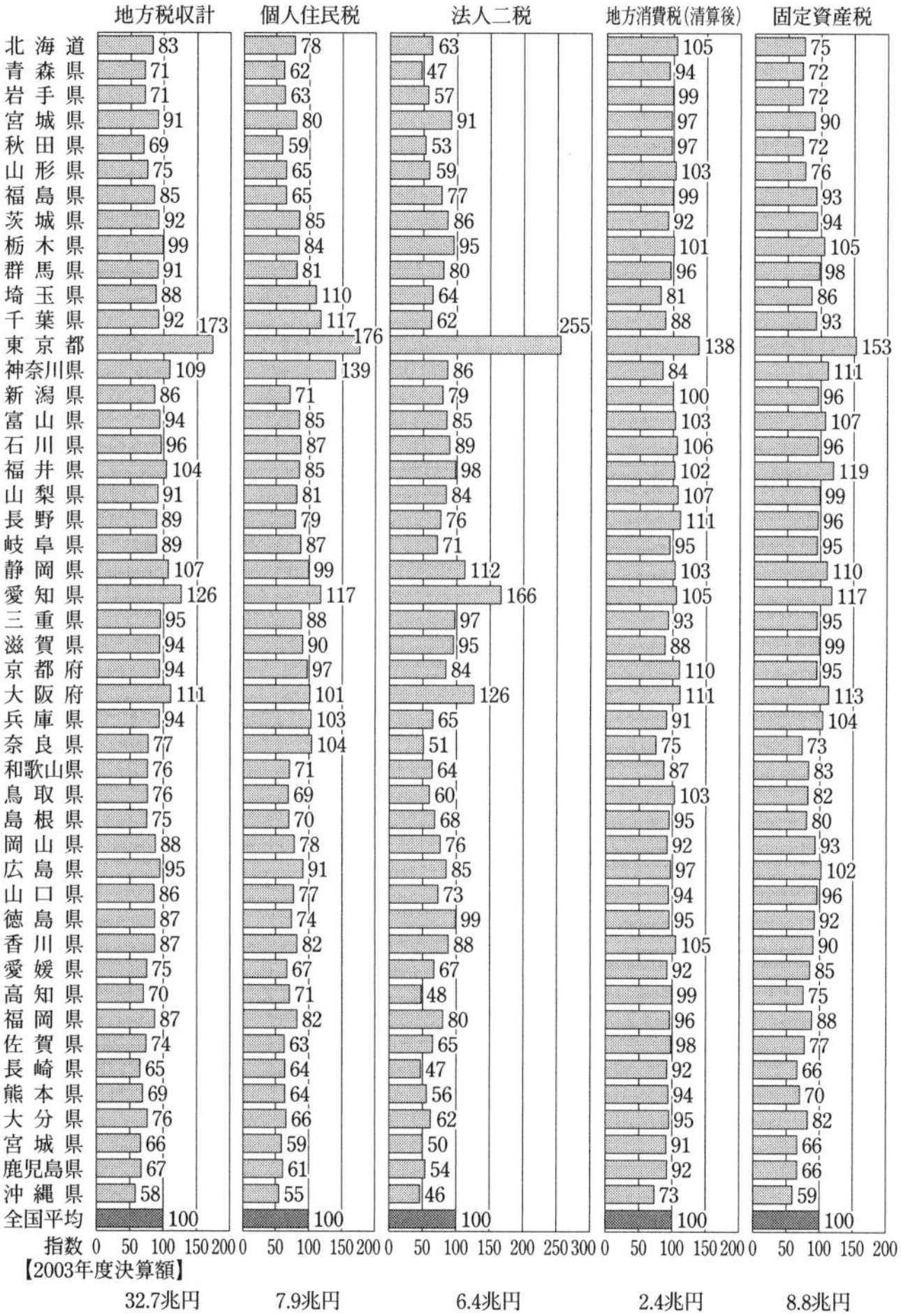


注 1　個人住民税の税収額は，個人道府県民税及び個人市町村民税の合計額である．
2　法人二税の税収額は，法人道府県民税，法人市町村民税及び法人事業税の合計額である．
3　固定資産税の税収額には，道府県分を含む．
出典　図 5-1 と同じ．

みると、東京都、愛知県、大阪府などの大都市圏に偏在している。東京都と沖縄県の間には、実に五倍強の格差が生まれている。これはまさに長引く経済不況のなかでの経済構造の変化を反映していよう。いわゆる製造業部門が衰退し、金融・サービス産業部門の比重が高まっているが、それらの大都市圏への集中を意味する。一九八〇年代に東京への一極集中状況が問題視されたが、経済不況のなかで一段と進行し、地方税源の著しい偏在をもたらしている。

自治体は市民にとって最も基礎的政府である。したがって、自治体財政の安定、なかでも税収入の安定は、地方自治の充実にとって欠くことができない条件である。図5-4は、都道府県間の地方税収入の格差を物語りつつも、比較的格差が小さいのは、地方消費税と固定資産税である。つまり、税源の偏在は避けられないものの、これらの税源は比較的「安定」しており、また相対的であれ経済の変動に敏感に反応するものではない。自治体間の収入をいかに均衡させるかは、地方分権にとって重要課題であるが、こうした統計は、地方税の将来のあり方を示唆していよう。同時に、地域間で経済水準が不均衡であるとき、国と地方そして地方間の財政調整システムを欠くことができないことを意味している。

## ◆国税と地方税のシェアと財政調整

中央政府と自治体が、それぞれ独立の税源をもっていることは先に述べた。国税と地方税の配分状況は、最近は五八対四二へと変化している。この国税収入のすべてが、中央政府によって最終消費（市場において消費されること）されているのではなく、自治体に移転支出されている。いわゆる補助金支出にともなう問題は、次章において論じる。それ以前に地方税制として取り上げておきたいのは、国税収入のすべてが中央政府の自主財源ではなく、そのなかに自治体へ分与すべき税が含まれていることである。つまり、形式的には中央政府の税目とされていても、その税収入の全部ないし一部は、地方財源と法定されている。自治体の税収入は、地方税のみではなく国税の一部におよんでいるのである。

このような意味で、自治体の税（地方財源）のなかに重きを占めているのは、地方交付税である。これは戦前の一九四〇年に創設された「地方分与税」、シャウプ勧告を受けて設けられた「地方財政平衡交付金」（一九五〇―五三年度）の流れを受けるものであり、五四年度からスタートしている。二〇〇五年度現在、地方交付税の財源（原資）は、国税である所得税・酒税収入の三二％、法人税収入の三五・八％、消費税収入の二九・五％、たばこ税収入の二九・五％の合算額である。このうち、九四％が普通交付税交付金、六％が特別交付税交付金とされている。特別交付税交付金は総務相の裁量によって自然災害などの緊急の財政需要に応じて配分されることになっている。普通交付税交付金は一定の配分公式にもとづく。配分方式を簡単にいうと、自治体ごとに基準財政需要額と基準財政収入額を算定し、この差が交付額とされる（差がマイナスである自治体は「不交付団体」といわれ、一般には富裕団体とみなされる）。

基準財政需要額の算定は、毎年度総務省が作成するモデルを基本として行われる。総務省は、府県の場合人口一七〇万人、面積六五〇〇平方キロメートル、市町村の場合人口一〇万人、面積一六〇平方キロメートル、非寒冷地の架空の自治体を設定して、そこで全国に共通する普遍性があると思える行政項目ごとに標準レベル（測定単位）とそれにかかる経費（単位費用）を示す。測定単位には、全国の自治体に適用するために特別、密度、寒冷、人口急増などの補正係数が用意されている。一方の基準財政収入額は、法定普通税の標準税収入に、道府県については八〇％、市町村については七五％を乗じた額に地方譲与税収入を加えた額とされている。

地方交付税交付金は、自治体の一般財源（使途が特定されない財源）とされ、また自治体間の財政調整のシステムとされている。だが、総務省による精緻な基準財政需要額モデルの作成は、中央による自治体の政策・事業の誘導機能を有している。

このほかに、道路整備や空港対策といった目的をもった特定財源（使途の特定された財源）として、国税の一部を交付する地方道路譲与税、石油ガス譲与税、自動車重量譲与税、航空機燃料譲与税がある。また、固定資産税を課税できない外国船舶に課税する特別とん税を、開港市町村に全額一般財源として交付する特別とん譲与税がある。なお、地方消費税は、道府県の普通税であるが、徴税は国によって行われている。したがって、これは地方交付税や譲与税とは性格を異にする。

このように自治体の課税自主権は、法形式的には確立されている。しかし、実態は、集権的構造となっている。地方交付税や譲与税制度も、自治体の財政政策を高度に誘導するものとなっている。自治体の歳入における自治権の確立は、地方分権にとって権限の移譲とならぶ最も重要な課題である。

## ◆法定外税の動向

先に述べたように、二〇〇〇年の地方分権一括法によって、自治体は、従来の自治相の許可にもとづく法定外普通税に加えて、法定外目的税を創設できるようになった。しかも、国の関与は許可から同意を要する協議へと改められた。

法定外普通税は、二〇〇三年度において道府県税として核燃料税一一団体、石油価格調整税、核燃料物資等取扱税、燃料等取扱税が各一団体となっている。また市町村税としては、砂利採取税が二団体、山砂利採取税、別荘等所有税、歴史と文化の環境税が、それぞれ一団体となっている。法定外普通税の税収額は三五七億円であり、前年度比で五〇・三%増である。また、法定外目的税については、道府県税として産業廃棄物関係税七団体、宿泊税、乗鞍環境保全税が各一団体。市町村税としては、遊漁税、一般廃棄物埋立税、使用済核燃料税、環境未来税が各一団体である。収入額は、二〇〇二年度が六億円であったのにたいして、二〇〇三年度には三四億円に「急増」している。

法定外普通税、目的税ともに地方税収に占める割合は低い。だが、とくに法定外目的税の創設が各地で試みられているのは、一定の政策目的を実現するための誘導手段としてとらえられているからであろう。水源の保全、放置自転車の規制、ワンルーム・マンションの規制などを目的に掲げた法定外目的税の創設などが、自治体の議会のみならず社会的に議論をよび起こしている。自治体が税制を政策誘導手段として活用しようとしていることを評価しておきたい。

# 6 自治体の財政

## ◆歳出面での「大きい政府」

前章では、自治体の税制と収入状況についてみた。自治体の財政にとって地方税収入は有力な自主財源収入である。だが、自治体の歳入・歳出総額に占める地方税収入の割合は二〇〇三年度決算でみると、三四・四％を占めているにすぎない。過去ピークであったのは、八八年度の四四・三％であるが、その後低下傾向を示し、九〇年代後半以降三三％から三六％台で推移している。二〇〇三年度の構成比は〇二年度とまったく同一である。

前章でも触れたが、自治体の財源を大きくカテゴリー分けすると、一般財源（使途の特定されない財源）と特定財源（使途の特定されている財源）がある。地方税収入の大半は一般財源であるが、これに加えて地方交付税、地方譲与税が一般財源である。ただし、この地方交付税と地方譲与税は、依存財源（他の政府単位から交付される財源）である。特定財源も、都市計画税など一部を除くとその大半が依

**図 6–1　歳入純計決算額の構成比の推移（2003 年度決算）**

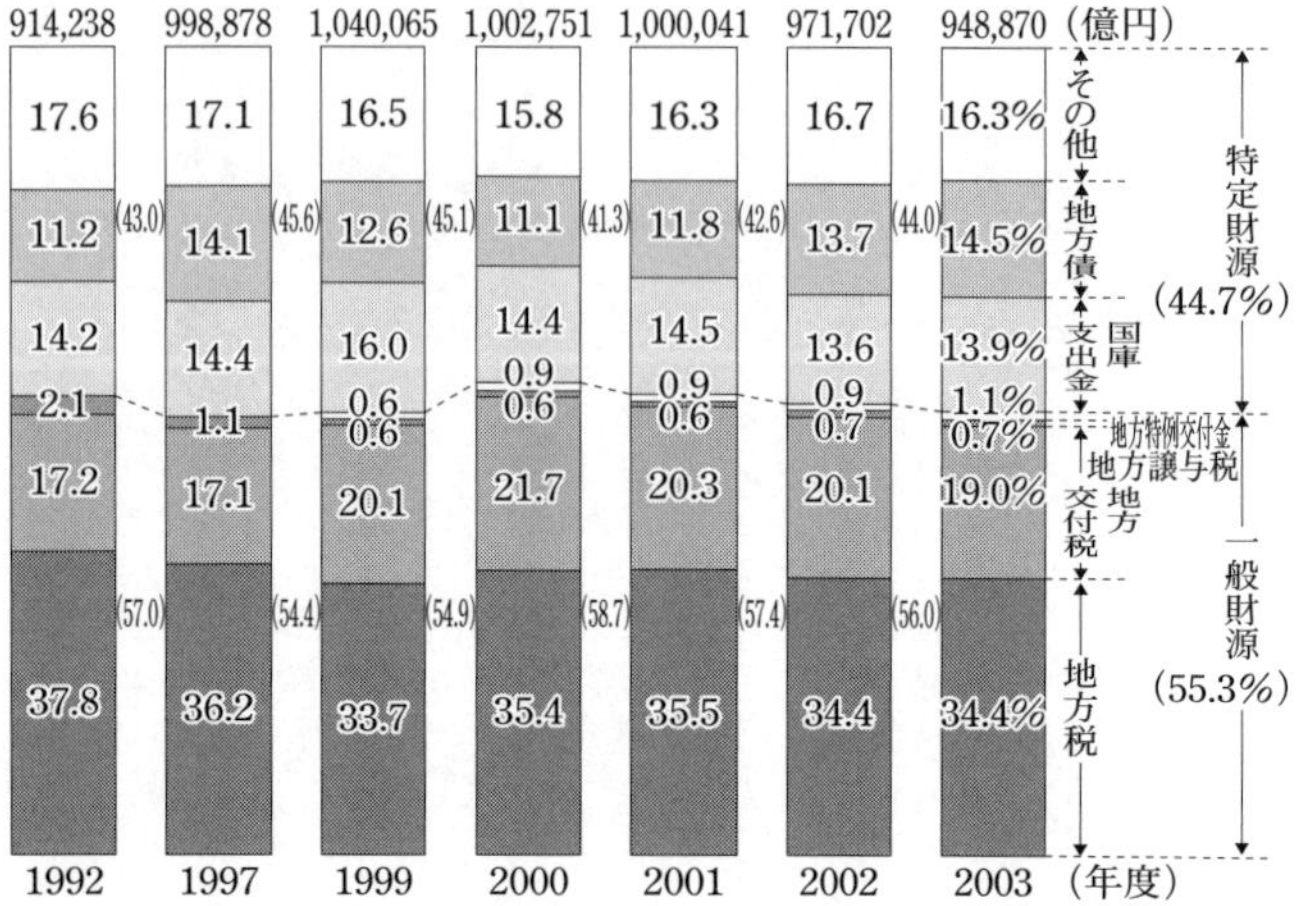


注　国庫支出金には，交通安全対策特別交付金及び国有提供施設等所在市町村助成交付金を含む．

出典　総務省編『地方財政白書　平成 17 年版』(2005 年 3 月).

存財源である。その中心は国庫支出金（いわゆる補助金）、地方債などである。

ともあれ、この一般財源と特定財源の構成比の変化をみると、二〇〇三年度決算では一般財源が五五・三％、特定財源が四四・七％となっている。一般財源の構成比は、一九八九年度の六二・七％をピークとした後、九〇年代前半には低下傾向にあった。その後、九六年度から二〇〇〇年度にかけて上昇傾向に転じたが、再び低下している（図6-1）。この状況を二〇〇三年度に限って、都道府県・市町村別にみると、都道府県の方が、地方税収入のシェアも一般財源のそれも低くなっている（図6-2）。

旧来から「三割自治」なる言葉がある。この意味は、かなり多様であり情緒的でもある。ただし、仮に歳入・歳出額に占める地方税収入の割合を示すならば、おおむね妥当している。こ

図 6-2　歳入決算額の構成比（2003年度決算）

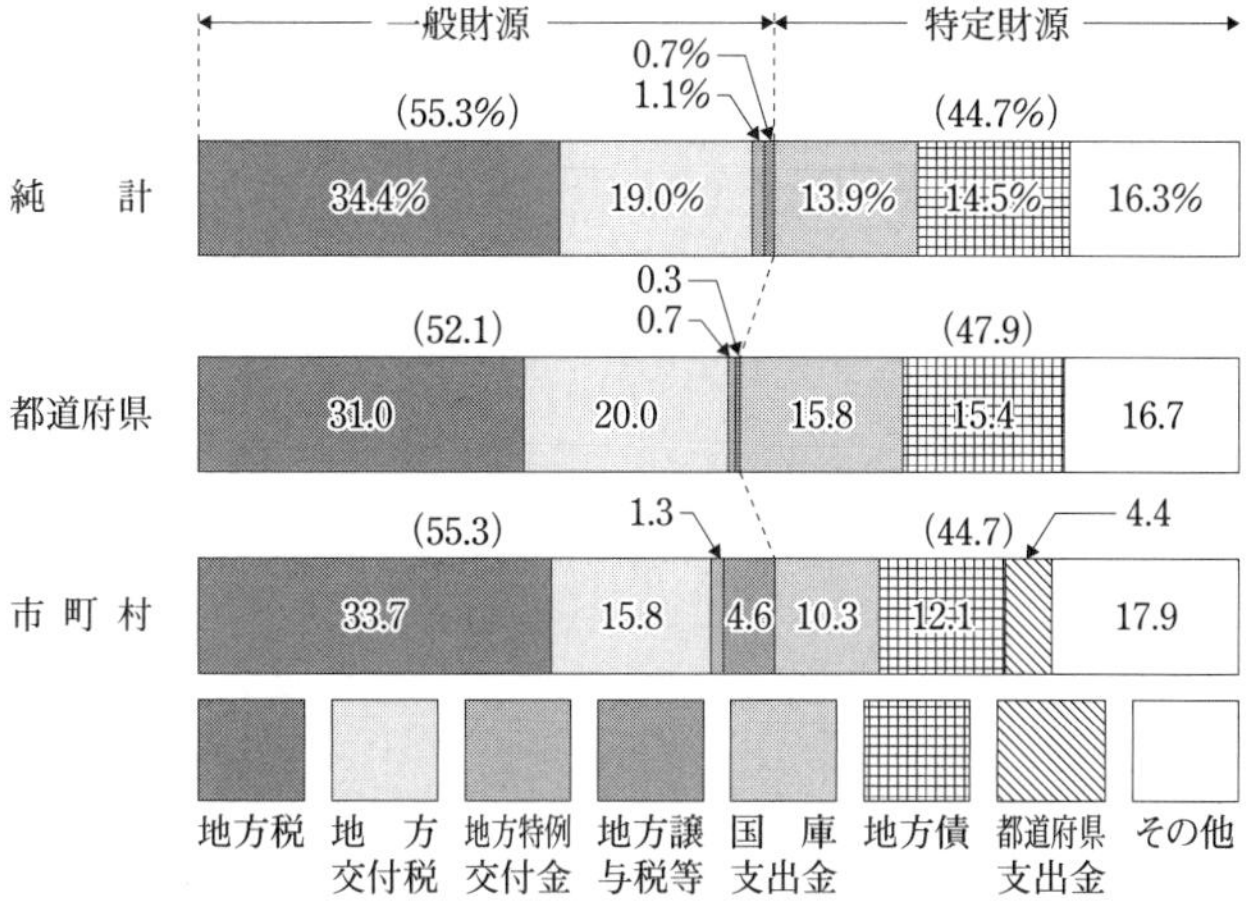


注　国庫支出金には，交通安全対策特別交付金及び国有提供施設等所在市町村助成交付金を含む．
出典　図 6-1 に同じ．

こから、自治体の財政が中央政府の政策・事業に拘束され、自治的裁量の余地の少ないことが問題視されてきた。このことは全体としては妥当していよう。しかし、今日、自治体財政に占める一般財源のシェアの低さは、財政規模拡大のなかでの特徴ではない。図6-1にみるように、財政規模自体が停滞ないし縮小している。一九九〇年代以降の長引く経済不況と中央政府財政の逼迫化は、中央からの移転支出の縮小と自治体税収の低下をもたらしているばかりか、後に述べるように、自治体財政の硬直化をすすめている。この財政状況こそ、今日の自治体財政を考える基本とされる必要があろう。

ところで、全体としての財政規模が縮小するなかにおいても、自治体財政に占める中央政府からの移転支出の構成比は大きい。このことは純計歳出規模（歳出の重複を除いた額）において自治体

**図 6-3　国・地方を通じる純計歳出規模（目的別）**

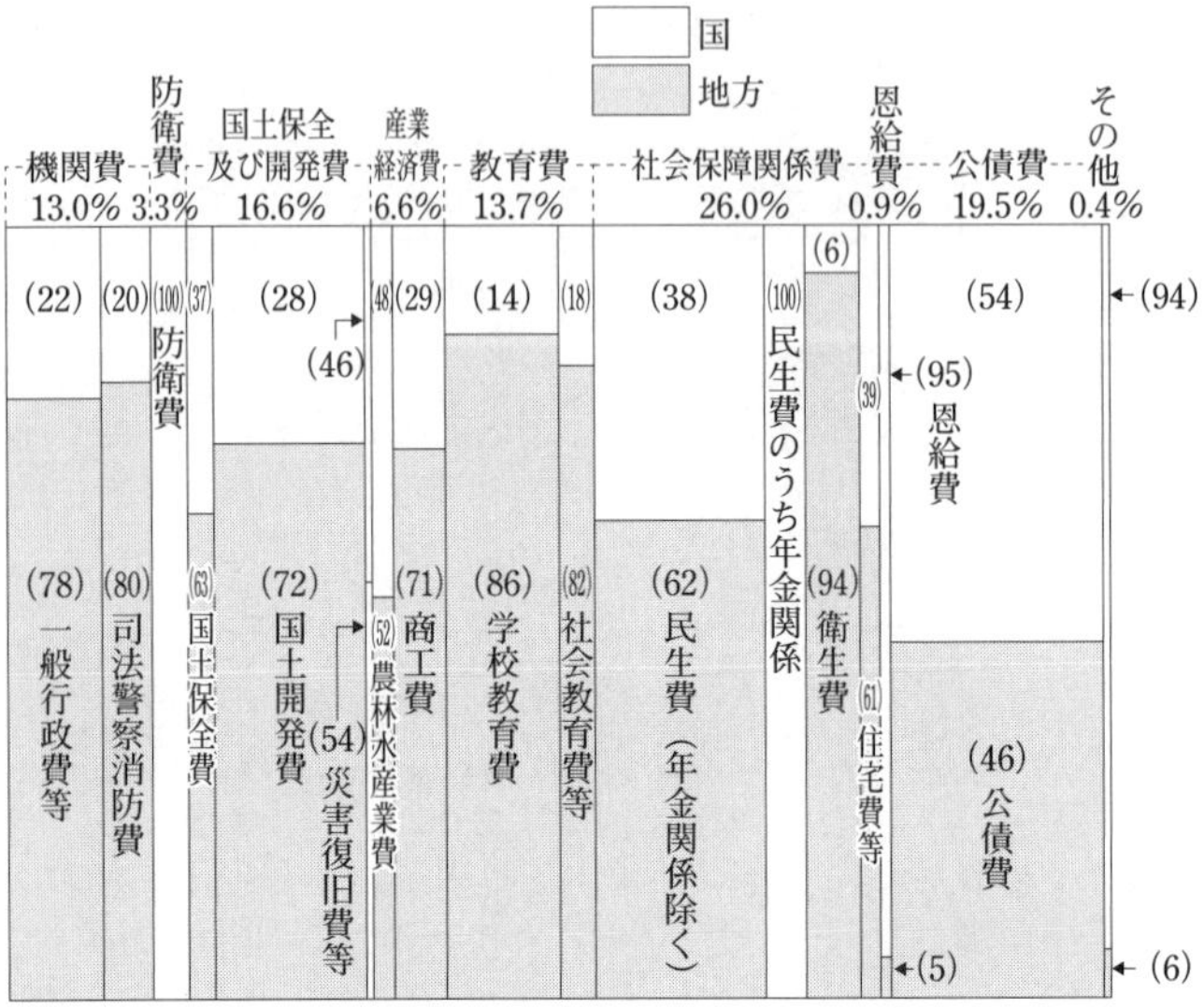


注　（　）内の数値は，目的別経費に占める国・地方の割合を示す．
出典　図 6-1 に同じ．

が、中央政府に勝る「大きい政府」であることを意味している。実際、図6-3は、目的別の中央・自治体を通じた純計歳出規模を示したものである。防衛費のような中央のみが担う行政を別とすると、年金と公債費（公債の元利支払金）を除けば、いずれの事業領域においても自治体は、公的資金の最終消費（市場において最終的に消費すること）規模で「大きい政府」であることがわかろう。とりわけ、学校教育費、道路整備費、都市計画、土地改良などの国土開発費、警察、消防費などは、かなりの部分が自治体を通じて、最終的に消費されている。

　このような事実を前提とする時、自治体の財政を考える重要なポイントは、最終消費において「大きい政府」の財源が、中央政府からの移転的支出にかなりの部分を依存していることであり、中央政府の移転支出（自治体側からみれば移転収入）の構造にあるといえよう。これらは、いわゆる国庫支出金（広義の補助金）、地方交付税・地方譲与税、地方債などのかたちで移転しているが、これらが相互にどのような関係にあるのか、またそれらが自治体の財政・予算にいかなるインパクトをもたらしているかが、考察の焦点となる。

## ◆補助金と自治体財政

日本の中央―自治体間の財政関係は、依然として高度に集権的であるといわれる。機関委任事務制度は廃止されたが、自治事務、法定受託事務の執行に際して中央政府は、負担金・補助金などを自治体に支出している。事務の執行についての細部は、政令・省令・告示・通知などによって示達されているが、同時に負担金・補助金などの交付の要綱によって規定される。言い換えると、自治体行財政にたいする法令をはじめとした中央の規律密度は依然として高い。その他自治体の事業の奨励を目的とした補助金などがあり、これらはことごとく詳細な補助基準を定めている。したがって、広い意味での補助金を通じた中央省庁による自治体の行政・財政の統制は、広範囲にわたるとともに細をきわめている。

さて、広くは国庫支出金といわれ、また補助金等といわれる、中央政府からの移転支出は、いくつかの視点から分類されている。代表的な分類は予算科目上のそれであり、補助金、負担金、補給金、委託費、交付金に分類されている。もっとも、それらのカテゴリーは厳密に定義されて使われているわけではない。一応の分類基準を示すならば、次のとおりである。補助金とは、中央政府として特定の事務事業を奨励するために交付するものである。負担金とは、義務教育、社会保障などをはじめ中央政府に一定の責任のある事業の経費負担金である。補給金とは、ある特定の事業の遂行を支援するために、事業の受益者の元利返済にあたって、利子の一部の補給を目的とした支出である。委託費は国政選挙、指定統計などの国の事務を自治体に委託した時の対価の支払である。そして交付金とは、右のほかに特定の目的をもって中央から交付される財源を指す。

これらはあくまで便宜的分類の要素が濃く、性格的に負担金と考えられるものであっても、予算科目上は補助金に分類されているものもある。これらの分類に加えて財務省が毎年度刊行する『補助金総覧』（中央省庁所管の補助金等のカタログ）には、援助金、分担金なるカテゴリーが設けられている。これらはいずれも日本国内向けの支出ではない。援助金とはいわゆるＯＤＡ（政府開発援助）を指す。分担金とは、国連をはじめとした日本の加盟している国際機関への支出金である。

これらと別の代表的分類に、補助金等の支出に法律上の根拠があるかどうかを基準としたものがある。法律補助とは、補助金等の支出が法律上に定められているものをいう。ただし、法律の規定が「支出せねばならない」としているとは限らない。「支出することができる」と、裁量を認めているケースもある。一方、予算補助とは、補助金の支出が法律上に定められていないが、毎年度の予算において支出の根拠が与えられているものをいう。予算は法律に準じるものであり、国会の議決と承認を得て成立するのだから、予算補助に法的根拠の問題は生じない。とはいえ、予算補助は、その創設をはじめとして官

**図 6-4　一般会計における補助金等支出の主要経費別構成**

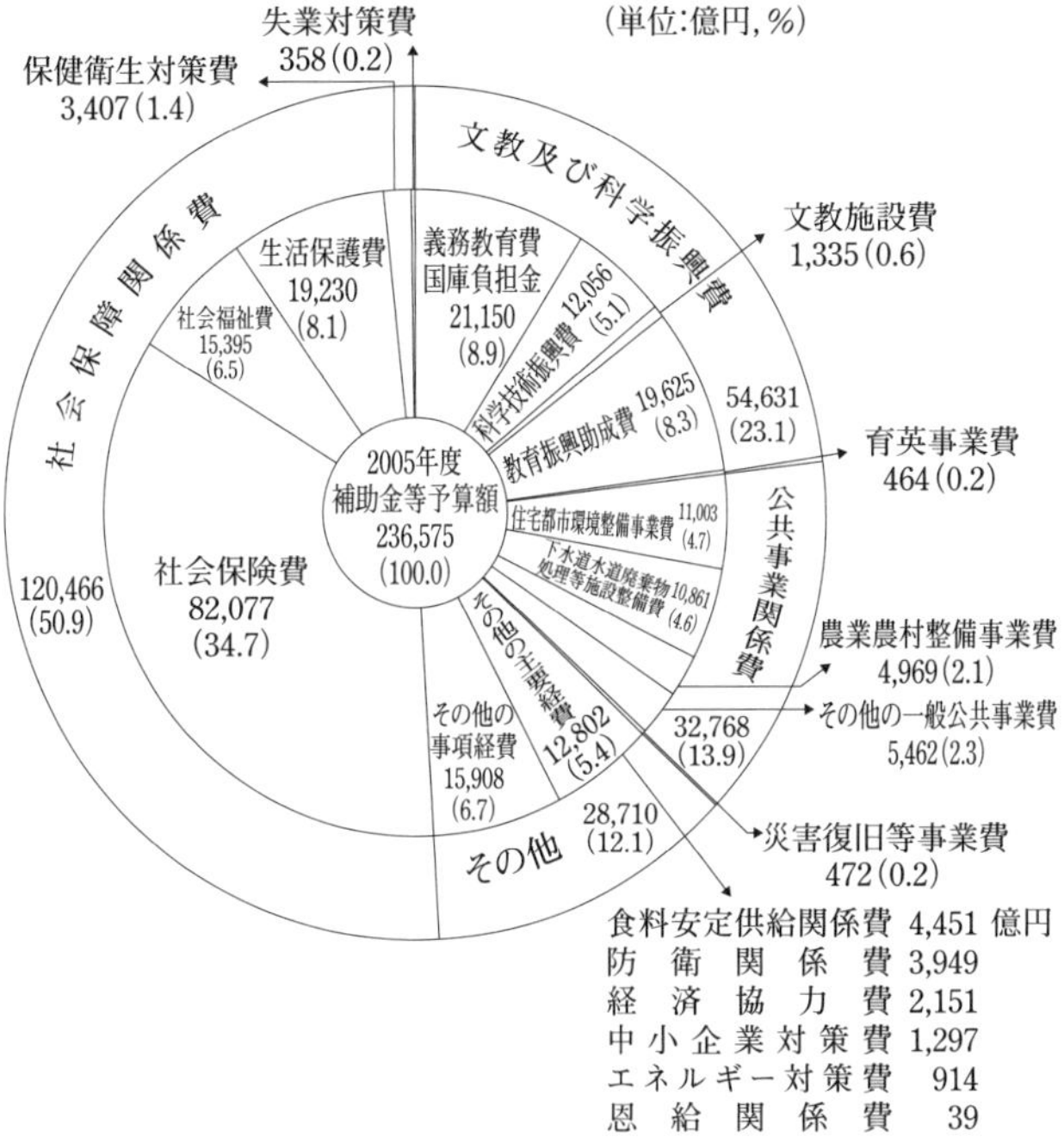


出典　財務省編『補助金総覧　平成 17 年度』(2005 年 7 月).

僚制の裁量と政治の意思が、法律補助以上に強く作用するといってよい。そして予算補助だからといって補助金の「寿命」が短期間であるわけではない。毎年度予算に計上されることによって、長期間の「寿命」を維持しているものもある。

さて、中央政府一般会計予算には、二〇〇五年度に二三兆六五七五億円を超える補助金等の支出が計上されている（図6-4）。そして、このうちの七二・二%が自治体への補助金支出である（図6-5）。右にみた補助金のカテゴリーに従って支出の内容をみると、予算科目上

図 6-5　補助金等支出の交付先

（単位:億円, %）

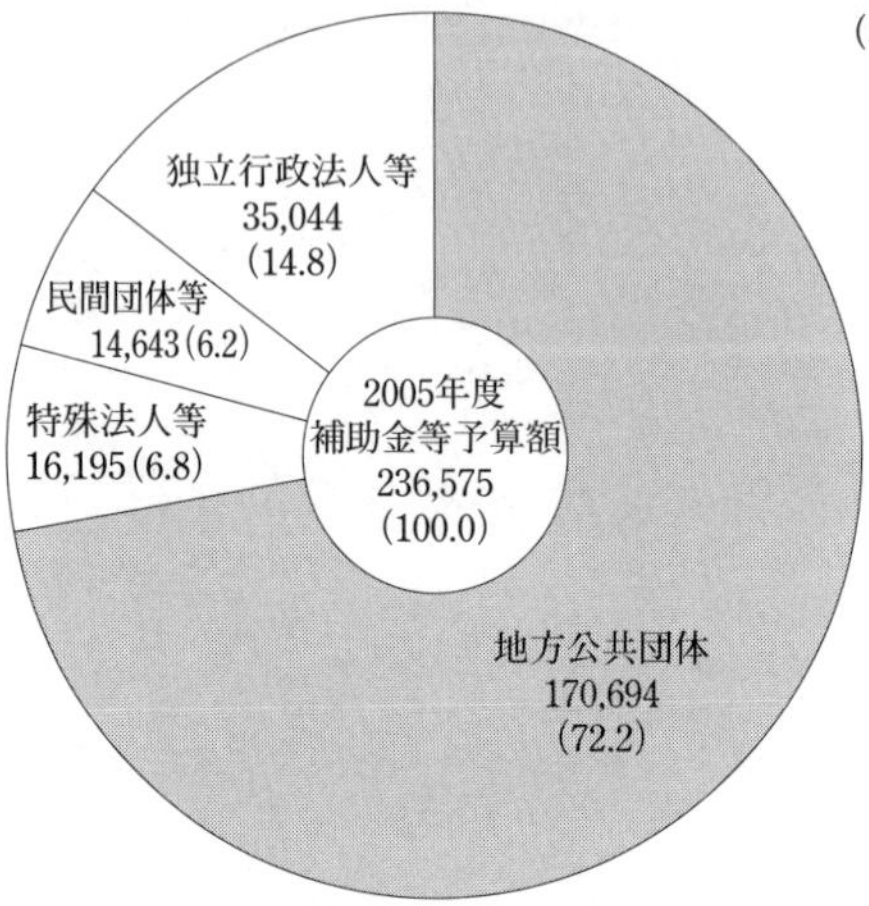


注 1　計数はそれぞれ四捨五入によっているので，端数において合計とは一致しない．
　2　計数は，改革推進公共投資事業償還時補助分（2, 007 億円）を除いたものである．
出典　図 6-4 に同じ．

の分類では負担金と補助金が大半を占めている。また法律補助と予算補助の分類では法律補助が八八・四％を占めている。

これらの補助金等は『補助金総覧』をみれば一目瞭然であるが、約二二〇〇件のプログラムに細分されている。そして、補助金等は各省庁の局レベルどころか課のレベル、さらには係のレベルにおいて所掌されている。補助金ごとに補助要綱ないし交付要綱が作られており、そこには補助の目的と事業内容、補助率、申請の手続き、補助事業の執行の手続きや充当経費について細かく定められている。

補助金等の交付の過程は、きわめて複雑である。中央省庁から直接市町村に交付されるものもあれば、都道府県に枠配分され、そこを経由して市町村に交付されるものもある。この場合にも、都道府県が補助額を上積みするように定められたものもあれば、たんに都道府県の金庫を経由するだけのものもある。いずれにせよ、市町村と中央省庁との関係でいえば、自治体は補助金の交付を陳情し、交付の内示を受け、補助要綱に定められた申請書類を作成し、さらに省庁側と協議を重ねて交付決定に至る。補助事業の執行過程においても中央省庁側の統制を受けるが、事業の完了の検査があった後に補助金が交付される。したがって、この細分化された補助プログラムに深く組み込まれることで、自治体の行政は分断されることになる。同時に、補助金の交付過程が複雑をきわめることによって、補助金を受けるために、多額の経費の支出を免れない。実際、『補助金総覧』に示されている補助金等の額には、零細であるものが少なくない。予算額で零細である補助金は、交付された自治体側からみればなおさら零細となる。だが財務省は、それぞれの補助金が交付された自治体数や個々の補助額を公表していない。したがって、自治体の首長や職員の語る「交付された補助金よりも交付にかかった経費の方が多額であった」との話も、まんざら虚偽ではないのである。

先に図6−1にみたように、補助金等の自治体歳入総額に占める構成比は、二〇〇三年度決算で一三・九％である。その内訳をみると普通建設事業費補助金が五兆九二八〇億円であり、最も大きい構成比を占めている。続いて、義務教育費負担金が二兆八五三六億円、生活保護費負担金が一兆六四二億円となっている。つまり補助金等の約四三％が、建設事業に関係するものである。補助金をさまざまに組み合わせて、公共施設などの建設事業を実施することも、自治体行政の知恵の発揮どころではあるが、繰り返すまでもなく、割拠的な補助金システムに組み込まれることによって、類似の目的の公共施設が

「濫設」されかねないのである。

割拠的な補助金システムを支えているのは、省庁の機能的エゴイズムである。だが、これを固定してきたのは、補助金等適正化法である。この法律は、補助金の目的外流用を規制するためとされているが、補助金を受けて建設された施設が目的を果たし終えた場合にも、他の目的に転用することを難しくしている。二〇〇〇年四月の地方分権改革にともなって、補助金等適正化法の規制は若干緩和された。しかし、それでも中央から自治体に至る割拠的財政関係の支柱となっているといってよい。

## ◆地方債の累積と自治体財政の硬直化

補助金・負担金の通常の補助・負担率は三分の一程度であり、奨励的な補助金の場合には四分の一程度である。補助金を受けた事業には、当然のことだが、自治体の自己負担がともなう。この自己負担部分を役所用語で「補助裏」という。補助裏は、自治体一般財源で手当てされる。このことは中央省庁側からみると、とりわけ公共事業の場合、補助金予算の二倍・三倍の事業の展開を可能とし、「打出の小槌」に等しい要素がある。一方の自治体側からみると、限られた自主財源で事業件数と規模を拡張できる。補助金には双方にこのようなメリットがあるが、補助裏部分に借金が可能ならば、これらの利点はより高まるだろう。実際、補助事業の自己負担を軽減するために、財政融資資金（旧大蔵省資金運用部資金）を主たる原資とする地方債が発行されている。「地方公共団体にたいする国の財源措置の一部」といえば聞こえがよいが、地方債は補助事業の実施に深く組み込まれているのである。

地方債は公共事業の財源措置としてのみ使われるわけではない。地方債の一つに臨時財政特例債がある。これは国庫補助・負担率の引き下げ措置の対象となる事業を行う自治体にたいして補助・負担率の減額相当分を、地方債によって面倒を見るものである。一九八〇年代の後半に行われた大規模な補助・負担率の引き下げ時に大量発行されたが、現在もこの種の補助率の削減と地方債による「補填措置」が続いている。また、九〇年代後半以降の国・地方を通じた減税による減収を補填するために、減税減収補填債が発行されてきた。また二〇〇〇年度以降は、これらに加えて地方税収の落ち込みに対応するとして臨時財政対策債（いわゆる赤字地方債）が発行されている。

いずれにせよ地方債は、自治体の借金であって償還しなくてはならない。したがって地方債が累積すればするほど、公債費（地方債償還のための元利合計金）が自治体一般財源に高い構成比を占めることになり、その分だけ自治体の政策的裁量の余地（財政弾力性）が低下する。二〇〇三年度決算で公債費は一三兆一九一五億円にのぼる。これは歳出決算額の一四・二%を占めている。

図6-6にみるように、地方債の現在高は増加している。二〇〇三年度決算において自治体の普通会計における地方債の現在高は、実に一三八兆九八〇億円となっている。これに加えて公営企業債の普通会計負担分二八兆三四六五億円、地方交付税および地方譲与税配布金特別会計（以下、地方交付税特別会計）借入金残高が三一兆八三五七億円ある。自治体普通会計（一般会計に公営企業特別会計を除いた特別会計を加えたもの）における借入金の残高は、実に一九八兆二八〇二億円にのぼっている。この約二〇〇兆円にのぼる自治体の債務は、今後一段と単年度予算の弾力性を低下させざるを得ない。

図 6-6　自治体普通会計における借入金残高

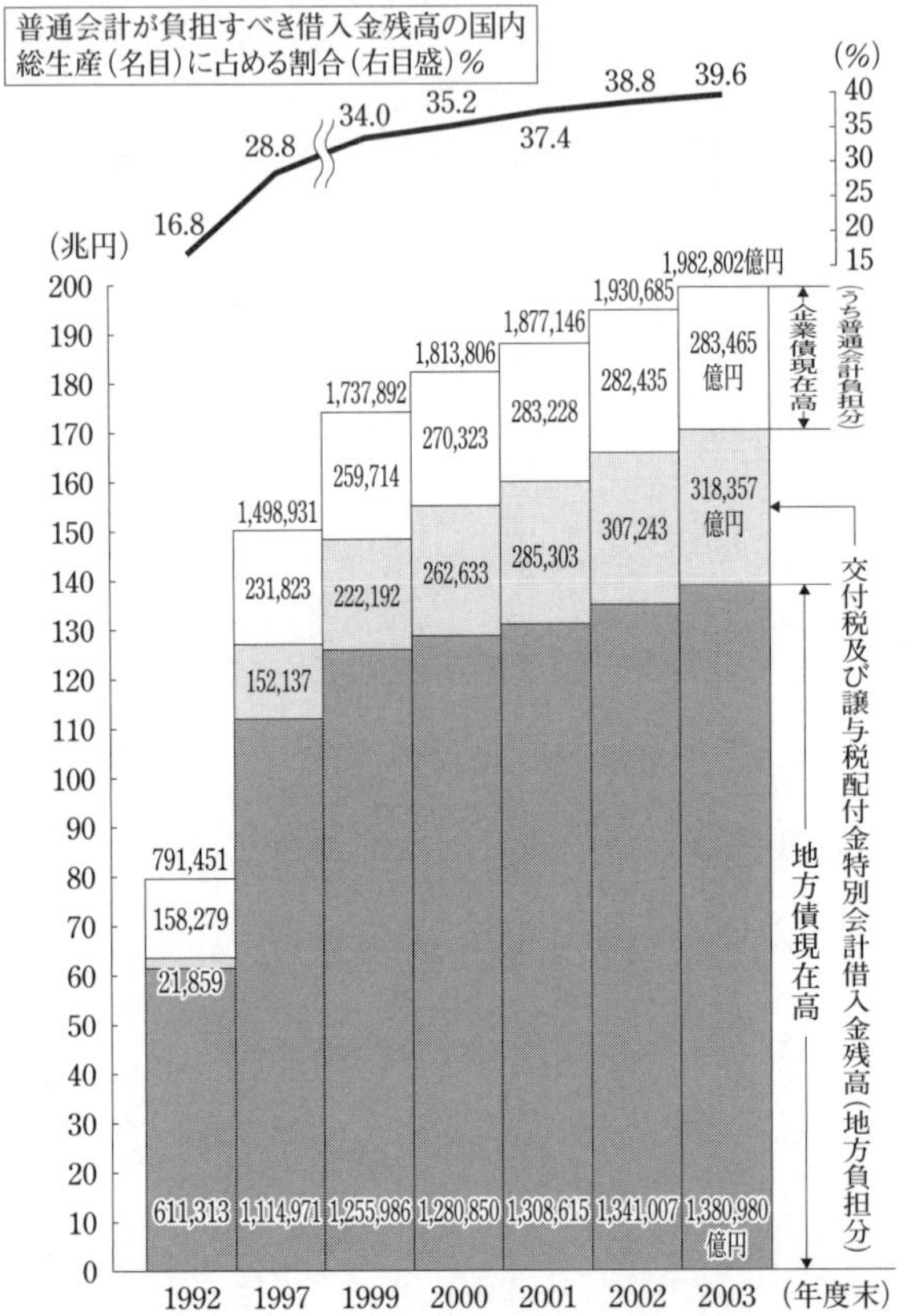


注 1　地方債現在高は，特定資金公共事業債及び特定資金公共投資事業債を除いた額である．
　2　企業債現在高（うち普通会計負担分）は，決算統計をベースとした推計値である．
出典　図 6-1 に同じ．

ところで、このような自治体の債務状況をみるとき、地方交付税特別会計の借入金残高に触れておかないわけにはいかない。地方交付税交付金は、前章で述べたように、自治体間の財政調整を目的に一般財源を交付するものである。とはいえ、交付額の算定に用いられる基準財政需要額モデルは、測定単位とそれにかかる経費である単位費用を操作することによって、自治体の行政を一定の方向に誘導することができる。高度経済成長期には、産業基盤の整備をうながすために、そのための測定単位と単位費用が設定され、高齢化社会への対応の緊急性が語られるようになると、それに関連した費目の設定が行われた。それゆえ、一般財源とはいうが、地方交付税交付金のこの側面に着目するならば、「第二補助金」ともいえる。そして、国の財政逼迫とともに、自治体への補助金の整理や削減がすすめられた。それにともない廃止された補助金の代償として、「地方交付税による面倒見」が行われるようになった。これは新たな測定単位や単位費用を興すことや、既存のそれの変更を意味している。

こうした状況のなかで、地方交付税特別会計は、原資とする国税五税収入によっては巨額の地方財源不足を賄えないとして、一九九二年度以降、旧大蔵省資金運用部資金からの借入を重ねた。とりわけ、一九九八年の小渕恵三政権が不況対策としてすすめた大規模な公共事業の実施のために、地方交付税特別会計の借入金は拡大した。したがって、今や地方交付税は、国税五税による財政調整機能どころか、自治体財政の圧迫要因となっている。地方交付税の原資の水準には、四〇年以上にもわたって、実質的変更が加えられていない。原資の規模、配分システムの改革などが必要であるとされているのも、こうした事情による。

## ◆自治体の財政と地方分権改革

日本の中央―自治体間の税財政関係は、これまでみてきたように、高度に集権的であるとともに融合的である。二〇〇〇年四月の地方分権改革は、たしかに中央各省の自治体行政への関与を緩和した。だが、地方自治の充実を目的とした地方分権改革に問われているのは、「歳入の自治」の確立である。つまり、自治体は歳出規模についてみると「大きい政府」である。だが「歳入規模」では「小さい政府」にほかならず、各種の補助・負担金などによる統制を受けた「大きい政府」にすぎない。

二〇〇〇年の改革後、「歳入の自治」をめざした地方財政の自立に向けた改革要求が、自治体側から提起されるようになった。小泉純一郎政権は、こうした要求に押されるかたちで二〇〇三年六月に「経済財政運営と構造改革に関する基本方針（骨太の方針・二〇〇三）」を閣議決定した。これは二〇〇四年度から二〇〇六年度の三年間に①四兆円規模の国庫補助負担金の削減、②義務的経費については全額、それ以外については八割相当額を基幹的国税から地方税へ移譲、③地方交付税の見直しを骨子とするものである。これは「三位一体改革」ともよばれる。二〇兆円を超える国庫負担金に照らせばいかにも小規模であるものの、地方側は地方財政の自立へのワンステップとして受け入れた。

しかし、初年度である二〇〇四年度については、一兆円規模の補助負担金の削減が行われながらも、地方への税源移譲額は六〇〇〇億円にすぎなかった。そして地方交付税に至っては、一兆二〇〇〇億円（臨時財政対策債を含めると二兆九〇〇〇億円）を削減するものであった。自治体の多くは財政調整基金（独自の積立金）を取り崩して、どうにか二〇〇四年度予算を編成する状況に追い込まれた。猛烈な自治体側の抗議を受けて政府は、二〇〇四年の「骨太の方針・二〇〇四」において、三兆円の国税の地方移譲に見合う補助負担金の廃止リストの提示を地方側に求めた。全国知事会、全国市長会、全国町村会などの地方六団体は、二〇〇四年八月末に、三兆二〇〇〇億円におよぶ補助負担金の廃止リストを提出した。結果的には、二〇〇五年度予算において暫定的措置を含めて二兆六〇〇〇億円の補助負担金の廃止と二兆四〇〇〇億円の税源移譲となったが、残る六〇〇〇億円の税源移譲をどうするのかは、二〇〇六年度予算に持ち越された。また地方交付税の水準については二〇〇四年度と同額とされたが、根本的改革は提示されないままであった。

その後、小泉政権は二〇〇五年一一月に、二〇〇六年度において約六五〇〇億円の補助負担金を削減し六〇〇〇億円の国税を地方に移譲することを決めた。ただし、地方交付税制度の改革は先送りされた。「三位一体改革」をめぐる二〇〇三年以降の動きは、自治体財政の地方分権化への道筋を明確にしたといえよう。つまり、細分化されている国庫補助負担金を廃止し、自治体へそれに見合う額を税源移譲することであり、地方交付税制度については、国による政策誘導機能を圧縮し、自治体の財政的自立を支える財政調整機能と財源保障機能に純化することである。

もちろん、自治体財政の地方分権化には、中央各省をはじめとして大きな壁が立ちはだかっており、容易に実現するとはいえない。しかし、自治体側が一致して補助負担金の廃止による「歳入の自治」の確立を求めはじめたことは、特筆に値しよう。

# 7 ◆都市計画

## ◆都市計画の法的システム

日本の都市は、欧米諸国の都市の街並みと比較するまでもなく、きわめて雑然としている。都市の成長は経済発展のシンボルとされてきたが、都市のもつ機能は、経済的機能のみにあるのではない。何よりも、そこに生活する人々の共同の公的空間である。超近代的ビルが林立しつつも、安心して通行できる道路は整備されず、また緑地などのオープンスペースが失われてきた。業務用ビルと住宅とが混在し、日照問題や電波障害が都市公害として問題視された。いわゆる一九八〇年代のバブル経済時には、全国各地において、「地上げ」なる行為が暴力的手段さえ用いて行われた。投機的不動産業者が、住民を居住地から追い出し、商業ビルを建設しようとしたためである。だが、仮に、建築できる建物の種類や規模の規制が地域ごとに厳しく確立されているならば、「地上げ」なる行為は起こり得ないに違いない。

都市部のみではなく、緑の残る農山村部においても、八〇年代のバブル経済時には、いわゆるリゾート開発として、無秩序な開発行為が展開された。「トンネルを越えたら雪国ならぬリゾート・マンションだった」で一躍有名となったのは新潟県湯沢町だが、全国的にみられた現象でもあった。景観の保全を求める住民から多くの疑問が投げかけられた。だが、そのような動きは法・行政システムの壁に阻まれた。

土地の利用規制や建築物規制、都市の再開発や社会資本の整備に関する法律は、約二〇〇本を数えるとされる。だが、その中心に位置しているのは都市計画法である。表7-1は五十嵐敬喜氏らによって整理されたものだが、都市計画法は、住宅の建設、都市の開発、鉄道や道路、空港の建設に至るまで、そのあり方を左右している。しかも、後にまた述べるように、都市計画法を中心とする都市計画行政は、高度に集権的構造のもとで展開されてきた。こうした都市計画の法や行政制度には、二〇〇〇年以降、改革の手が加えられているが、歴史的に振りかえっておくことにしよう。

## ◆一九六八年の都市計画法

日本が近代的な都市計画の法制度を導入したのは、一九六八年の都市計画法の制定によってである。これは一九一九年に制定された都市計画法を全面改正したものであり、当時は新都市計画法とよばれた。

この都市計画法には、二つの面で画期的制度が定められた。一つは、都市計画の目標や将来像を定めたマスタープラン（これ自体には法的拘束力がない）にもとづいて、都市計画区域を設定し、さらにその内部を用途に応じて指定する制度が導入されたことである。

**表 7-1　都市計画に関係する法令の体系**

- 都市計画法
  - （土地計画）
    - 国土総合開発法
    - 国土利用計画法
    - 首都圏整備法
    - 近畿圏整備法
    - 中部圏開発整備法
    - 山村振興法
    - 新産業都市建設促進法
    - 農村地域工業等導入促進法
    - 工業再配置促進法
    - 工業整備特別地域整備促進法
    - 公害対策基本法
    - その他
  - 土地収用法
  - 公有地の拡大の推進に関する法律
  - 農地法
  - 農業振興地域の整備に関する法律，森林法，自然公園法，自然環境保全法
  - 地方税法
    - 租税特別措置法
    - 都市開発資金の貸付けに関する法律
    - 特定市街化区域農地の固定資産税の課税の適性化に伴う宅地化促進臨時措置法
  - 広島平和記念都市建設法，その他特別都市建設法
  - 国際観光文化都市の整備のための財政上の措置等に関する法律
  - 首都圏の既成市街地における工業等の制限に関する法律
  - 近畿圏の既成都市区域における工場等の制限に関する法律
  - （地域地区）
    - 置法 特定空港周辺航空機騒音対策特別措
    - 文化財保護法
    - 生産緑地法
    - 首都圏近郊緑地保全法
      - 近畿圏の保全区域の整備に関する法律
    - 都市緑地保全法
    - 明日香村における歴史的風土の保存及び生活環境の整備等に関する特別措置法
    - 古都における歴史的風土の保存に関する特別措置法
    - 流通業務市街地の整備に関する法律
    - 港湾法
    - 駐車場法
    - 建築基準法
  - （促進区域）
    - 大都市地域における住宅及び住宅地の供給の促進に関する特別措置法
    - 都市再開発法
  - （市街地開発事業）
    - 近畿圏の近郊整備区域及び都市開発区域の整備及び開発に関する法律
    - 首都圏の近郊整備地帯及び都市開発区域の整備に関する法律
    - 大都市地域における住宅及び住宅地の供給の促進に関する特別措置法
    - 新都市基盤整備法
    - 都市再開発法
    - 新住宅市街地開発法
    - 土地区画整理法
  - （都市施設）
    - その他
    - 流通業務市街地の整備に関する法律
    - 官公庁施設の建設等に関する法律
    - と畜場法
    - 卸売市場法
    - 運河法
    - 河川法
    - 廃棄物の処理及び清掃に関する法律
    - 下水道法
    - 墓地、埋葬等に関する法律
    - 都市公園法
    - 自動車ターミナル法
    - 駐車場法
    - 軌道法
    - 鉄道事業法
    - 道路法
  - （地区計画等）
    - 集落地域整備法
    - 幹線道路の沿道の整備に関する法律
    - 都市再開発法

出典　五十嵐敬喜・小川明雄『都市計画——利権の構図を超えて』（岩波書店，1993 年 8 月）．

もう一つは、用途地域に応じて開発や建築の規制の制度を導入したことである。つまり、無秩序な開発を抑制するために、都市計画区域のなかを市街化区域と市街化調整区域に大きく分類する。市街化区域とは、すでに市街化が進んでいる区域であり、今後の開発が認められる区域である。市街化調整区域とは、開発が原則として認められない区域をいう。この市街化区域には、さらに建築基準法によって、第一種住居専用地域、第二種住居専用地域、住居地域、近隣商業地域、商業地域、準工業地域、工業地域、工業専用地域の八種類の地域が設定された。そして、それぞれに建設できる建物の種類と建ぺい率(敷地にたいする底床面積の割合)・容積率(地階を含むすべての階の床面積の和を敷地面積で除した割合)が定められた。さらにこれを基本として、八種類の「特別用途地区」「高度地区」「生産緑地地区」などが区分けされることになった。

このような土地利用規制をしたうえで、そこに建てることのできる建築物の規制システムをゾーニングという。これは、西欧の都市計画の伝統的方法であり、ヨーロッパに生まれアメリカで発展してきた。したがって、ゾーニングなる手法が、都市計画法―建築基準法に明確に位置づけられたこと自体は、高く評価されてよいだろう。

とはいえ、一九六八年は、すでに高度経済成長によって、都市の住・商・工の混在状況が一段と激しさを増していた時代である。ゾーニングの導入は、後追いを免れないものであった。いかに現状と妥協しつつ、市街化区域の設定をはじめとする「線引き」を行うかが、都市計画行政の課題でもあった。それゆえにまた、この新たな制度の導入にもかかわらず、都市計画行政の実際は、高度の集権体制の下におかれたのである。

一九六八年の都市計画法の制定に際して政府は、都市計画行政の分権化を図るものであると説明した。なるほど旧都市計画法においては、都市計画の決定権限は「主務大臣」、つまり国にあるとされていた。六八年の都市計画法では、都市計画区域の決定、市街化区域と市街化調整区域の決定、大都市圏や県庁所在都市、人口二五万人以上の市の建築基準法にもとづく用途地域の決定などは、都道府県知事が都市計画地方審議会の議を経て決定することになった。しかし、この都道府県「知事」の決定は、都道府県なる自治体の代表者としての決裁権限ではなく、建設相（現国土交通相）の地方機関としての決定権限にすぎなかった。つまりこれらは機関委任事務であった。

市町村は、右の都市を除いて用途地域の決定ができる。また、特別用途地区や風致地区を定めることができるし、一六メートル未満の市町村道や一ヘクタール未満の公園、二〇ヘクタール未満の土地区画整理事業を定めることができるとされた。しかし、これらの市町村の決定については、知事の承認が必要とされた。したがって、「分権化」とは名ばかりであって、建設相・建設官僚を頂点とする集権的行政体系を特徴としていたのである。都道府県知事は、都市計画決定にあたっては建設相の地方機関であり、知事の行為は建設省の通達・告示などに拘束された。先にゾーニングの導入を画期的といったが、制度上の体裁はそれに間違いないものの、どのような地域をどのような用途に区分するかは、法律上に詳細な定めがあるわけではない。それらは、建設省の通達・マニュアルによって左右されていたのである。

## ◆「建築の自由」と住民参加手続きの不在

一般に、ヨーロッパ諸国やアメリカの都市計画の原則は、「建築の不自由」にあるとされる。言い換えれば、都市空間は公共の空間であり、土地についての私有権は、公共的空間の整備に従属するものとされている。これにたいして、日本における原則は「建築の自由」であるとされる。憲法第二九条は「財産権は、これを侵してはならない」と規定しているが、同条の第二項では「財産権の内容は、公共の福祉に適合するように、法律でこれを定める」としている。とはいえ、この第二九条第二項の規定は、都市計画法―建築基準法制のなかに生かされているとはいえない。

用途地域ごとの建ぺい率と容積率の上限は、建築基準法の定める範囲内において、都市計画決定される。だが、法的には良好な住宅地とされている第一種住居専用地域であっても、容積率は二〇〇％までとされ、住居地域ともなれば四〇〇％までの設定が可能であった。しかも、用途地域の設定はあるものの、住居地域であるからといって住宅のみの建設が許されているわけではなく、商業ビルも建設できる。実際、たとえばマンションなる集合住宅は、工業専用地域を除いて、すべての地域で建設可能である。こうして、細分化された土地に容積率の特典を利用した、さまざまな形態の建築物が建てられ、都市の景観が乱されるばかりか、都市機能はますます雑然となった。

さらに、容積率の緩さに拍車をかけるかのように、六八年の都市計画法のもとでは、容積率のボーナス制度が次々と設けられてきた。「特定街区」「一団地認定制度」「総合設計制度」「再開発地区制度」などがそれである。たとえば、特定街区とは、一定の空地を足元にとり住宅の付置、地域の整備改善に寄与する施設の設置、歴史的建造物の保全などを含む一体的開発を行う場合に、指定容積率の最高一・五倍までの容積率を割り増すものである。もともとは、一定の条件を満たす開発にボーナスを与えることで、住宅や木造アパート、商店、町工場などの混在する地域を、整然としたまちに変えようとする意図をもって生まれた制度ともいえる。だが実際には、とりわけ一九八〇年代の「民間活力」による都市の開発のなかで多用され、都市の環境を一段と悪化させた。

このようにみてくれれば、日本の都市計画行政が、いかに土地所有者の権利を保障し、開発や建築の自由を承認してきたかがわかろう。この「建築の自由」の原則の前では、都市計画決定への住民参加は、不在に等しい状況におかれてきた。知事による都市計画決定は、素案の作成―公聴会の開催―市町村の意見の聴取を経て、都市計画案の公告縦覧―意見書の提出―都市計画地方審議会での審議、といった一連の手続きの後に決められた。住民は都市計画案を縦覧して意見書を提出できる。だが、縦覧の場所や期間についての広報は充分でない。また意見書の提出者から事情を聞く仕組みも作られていない。その結果、阪神淡路大震災の復興事業に際して問題になったように、利害関係住民が避難してほとんどいない状況下で、公告縦覧をもって手続きの完了とするような「官僚的」処理も行われたのである。

## ◆自治体の試みと限界

私権を高度に認めた都市計画行政の集権性は、住民にとって最も身近な自治体である市町村に多くの難題をもたらす。たとえば、大規模住宅団地の建設は、小中学校や幼稚園・保育園の整備、道路の整備などをはじめとして、巨額の財政投資を必要とする。自ら計画した開発ではないにもかかわらず、財政負担だけが高じる。すでに高度に都市化された状況での高層ビルの建設は、日照をはじめとして居住環境の一層の悪化をもたらす。また、先に触れた湯沢町のケースにみるように、都市計画区域外（役所用語で「白地地区」）については、容積率は最高四〇〇％まで認められていたが、このような地域における高層ビルの建設は、何よりも自然景観を破壊する。それにとどまらずに、自治体は上下水、ゴミ、消防などについて、新たな負担を背負い込まなくてはならなかった。

市町村はこのような問題状況に、ただ手をこまねいて傍観しているわけにはいかない。だが市町村には、基本的にこれらの開発行為を規制する法的権限は存在していない。そこで、一九六〇年代の末以来、自治体は開発指導要綱を定めて規制を試みてきた。一般に「要綱行政」といわれるこの試みは、自治体による業者への行政指導を意味している。自治体は要綱のかたちで開発行為についてのガイドラインを定め、一定の規模の開発には開発負担金の納付を求めるとともに、自治体の規制基準を遵守しない業者には、建築確認申請の受理の保留、工事用車両の通行認定の保留、上水など供給の保留などの制裁処置を定めたのである。

とはいえ、これらの要綱は所詮、自治体側から業者への「お願い」にすぎない。業者のなかには要綱行政に法的根拠がないことを理由に、要綱に含まれている制裁処置を不服として、訴訟に訴えたものもいる。代表的なものに武蔵野市の事件がある。これは武蔵野市の宅地開発指導要綱（一九七一年施行）に従わない業者にたいして、市長の後藤喜八郎が上水の供給を停止したため、水道法違反容疑で起訴され、八九年一一月、最高裁で罰金一〇万円の有罪判決が確定したものである。各地の訴訟において、要綱行政は、「法治主義」の前に敗れていくケースが多発した。

政府は、自治体の要綱行政にたいして一九八〇年代に入ると厳しい態度をとりだす。八三年八月二日に都道府県知事、政令指定都市市長に出された「宅地開発等指導要綱に関する措置方針について」と題する建設事務次官通達は、自治体の宅地開発指導要綱の定める制裁措置のほとんどについて、「是正」を求めるものであった。これは、当時の「民間活力」による都市の開発をさらに押し進める意図に発しているが、集権的都市計画行政の構造を維持していこうとする建設官僚の行動をよく示していよう。

このような状況を踏まえて、自治体は要綱行政から条例による規制の道を探っていく。たとえば、神奈川県真鶴町は、リゾート・マンションの建設ラッシュに耐えかね、二〇戸以上の共同住宅へは新たな上水の給水を行わない「上水道事業給水規制条例」を九〇年に定めた。さらに九一年には、景観や自然との調和した「美の基準」に従って、容積率などの規制を行うとともに、これに従わない業者には給水を行わないなどの「まちづくり条例」を制定しようとした。だが、開発行為の許可は県知事に機関委任されており、水道の給水を制裁に使うことは法令違反とする県との間で協議が難航した。結局条例は制定されたものの「美の基準」は、業者の「遵守義務」ではなく「尊重事項」へと改められた。条例によって開発行為を規制する際にネックとなるのは、このケースにみるように、自治体に開発行為についての許認可権限がなく、条例で規制しようにも「法令に違反しない限り」でしか条例を制定できないとする、地方自治法第一四条の規定である。

ともあれ、自治体側のこうした試みが意味するのは、六八年の都市計画法体系が高度に集権的であり、自治体の独自のまちづくりを阻害していることである。一九六八年の都市計画法のもつ欠陥は、その後の都市開発ブームのなかで、一段とあらわとなった。

## ◆一九九二年の都市計画法の改正

「民間活力」による無秩序な都市開発を反面教師として、市町村こそが土地利用規制の主体となるべきであるとの意見が、一九八〇年代末になると強まっていく。九二年には、六八年の都市計画法制定以来の「大改正」といわれる法の改正が行われた。政府案にたいして当時の社会党・社民連が対案を提出し、国会での議論は久方ぶりに白熱した。結局は、政府提出改正法案が成立をみるが、改正点は次の四点にまとめることができる。

第一に、都市計画決定における都道府県知事の権限には、大きな変更は加えられなかった。だが、一九六八年の都市計画法のもとで八分類されていた用途地区が、住居系地区について細分類され、一二分類された（表7-2）。また、特別用途地区も従来の八分類から一〇分類に変更された。新しく加わった特別用途地区は、中高層階住居専用地区と商業専用地区である。同時に建築物の制限も強化された。たとえば、住居地区にはカラオケボックスやパチンコ屋は、建設できないことになった。この新しい用途地区の分類は九六年度に施行された。

**表 7-2　用途地域制度の概略**

用途地域の細分化

| | 旧　制　度 | 新　制　度<br>(枠囲みは新設) | 趣　　旨 |
|---|---|---|---|
| 住居系 | ①第一種住居専用地域 | ①第一種低層住居専用地域 | 低層住宅の専用地域 |
| | | ②第二種低層住居専用地域 | 小規模な店舗の立地を認める低層住宅の専用地域 |
| | ②第二種住居専用地域 | ③第一種中高層住居専用地域 | 中高層住宅の専用地域 |
| | | ④第二種中高層住居専用地域 | 必要な利便施設の立地を認める中高層住宅の専用地域 |
| | ③住居地域 | ⑤第一種住居地域 | 大規模な店舗，事務所の立地を制限する住宅地のための地域 |
| | | ⑥第二種住居地域 | 住宅地のための地域 |
| | | ⑦準住居地域 | 自動車関連施設等と住宅が調和して立地する地域 |
| 商業系 | ④近隣商業地域 | ⑧近隣商業地域 | 近隣の住宅地のための店舗，事務所等の利便の増進を図る地域 |
| | ⑤商業地域 | ⑨商業地域 | 店舗，事務所等の利便の増進を図る地域 |
| 工業系 | ⑥準工業地域 | ⑩準工業地域 | 環境の悪化をもたらすおそれのない工業の利便の増進を図る地域 |
| | ⑦工業地域 | ⑪工業地域 | 工業の利便の増進を図る地域 |
| | ⑧工業専用地域 | ⑫工業専用地域 | 工業の利便の増進を図るための専用地域 |

出典　野口和雄『改正都市計画法』(自治体研究社，1993 年 2 月) p.82.

第二の改正点は、市町村が「都市計画に関する基本的な方針」（マスタープラン）を、定めねばならないとされたことである。これまで、この種のマスタープランは、法律に根拠をもつものではなかった。九二年の改正によって市町村は、市町村の基本構想（地方自治法第二条第五項）と、知事の定める「市街化区域及び市街化調整区域の整備開発又は保全の方針」（都市計画法第七条第四項）に従って、右のマスタープランを定めねばならないとされた。この改正を受けて一九九三年に出された建設省都市局長通達は、地域の実情に配慮した創意工夫にあふれるマスタープランの作成を求めるものとなっており、それ以上の細々としたマニュアルを提示していない。だが、一九九三年以降、府県が市町村にたいしてマスタープランの作成マニュアルを提示している。県知事の権限とされている広域都市計画との整合性が府県側の期待ともいえるが、市町村のマスタープランの独自性を脅かすものとの批判も出た。

第三の改正点は、ミクロな都市計画あるいは市町村の都市計画といわれる地区計画制度に、ボーナス制度を加味した新しい制度が加わったことである。地区計画制度は、ドイツなどの地区詳細計画をモデルとして、一九八〇年の都市計画法によって制度化された。それは一定街区などの地域を指定して、建ぺい率・容積率などに厳しい制限を加えるものであり市町村に計画決定権がある。九二年の改正は、この地区計画に誘導容積制度、容積適正配分制度、地権者要請制度、予定道路による建築制限緩和制度を創設するとともに、一団地認定制度を適用するものである。いずれも内容的に複雑であるが、たとえば、容積適正配分制度とは、ある土地の容積率を別の区域に配分でき、それによって配分された区域では用途地区制が定める容積率を上回る建築が可能となる。こうしたボーナス制度の導入を一概に否定することはできない。ただし、市町村の地区計画制度の前提である用途地区制度の厳しい運用がないならば、結局は、これまでのボーナス制度と同様の事態を生み出しかねないともいえよう。

第四の改正点は、白地地区についての建ぺい率と容積率の強化である。これまで建ぺい率七〇%、容積率四〇〇%の建築物が可能であったが、これを建ぺい率五〇、六〇%、容積率一〇〇、二〇〇、三〇〇%から、特定行政庁（建築確認の行政機関）が、都市計画地方審議会（知事の諮問機関）の審議を経て選択できることになった。

このような一九九二年改正が、市町村の実情に配慮していることは事実であるが、機関委任事務としての都市計画決定には、なんらの変化も加えられなかった。

## ◆都市計画行政の地方分権化

一九九五年に設置された地方分権推進委員会は、機関委任事務制度の廃止を掲げて地方分権改革に取り組んだが、なかでも委員会は、都市計画・土地利用規制の分権化に力を注いだ。その結果、二〇〇〇年四月の地方分権改革は、一九六八年以来の都市計画―建築基準行政に大きな変化をもたらした。

すでに述べたように、地方分権一括法は機関委任事務制度を廃止した。これまで知事への機関委任事務とされてきた都市計画区域の指定ならびに市街化区域と市街化調整区域の線引き、都道府県知事の権限にかかる地域地区、都市施設、市街地開発事業および市街地開発事業予定地に関する都市計画の決定は、都道府県の自治事務とされた。とくに、都市計画区域、市街化区域、市街化調整区域に関する都市計画が、中央による関与の度合いが高い法定受託事務とされずに、自治事務とされたことの意義は大きい。ただし、都市計画の決定は、国との協議による同意を必要としている。とはいえ、国土交通省は八〇年代の「バブル経済期」のように市街化区域の拡大を通達・通知といった行政統制手段によって知事に求めることはできない。

さらにこの改革によって市町村の都市計画—建築基準法にもとづく都市計画にも分権化が進んだ。建築基準法による地域地区指定について都道府県が計画決定主体となるのは、三大都市圏の既成市街地、近郊整備地帯等に限定された。また都市施設ならびに市街地開発事業について都道府県が決定主体となるのは、四車線以上の幅員の市町村道（従来一六メートル以上）、面積一〇ヘクタール以上の公園（従来四ヘクタール）、面積五〇ヘクタール（同二〇ヘクタール）を超える土地区画整理事業とされた。逆にいうと、この基準を下回る都市施設の建設や市街地開発事業については、市町村の独自の判断で行うことができるようになった。また、政令指定都市については、市街化区域と市街化調整区域についての都市計画を除いて、都道府県と同等の権限が与えられた。

ところで、従来の都市計画法は、市町村の都市計画審議会を任意設置としており、権能も明確でなかった。二〇〇〇年の改正では、市町村は都市計画審議会を「置くことができる」とされ、設置した場合には、同審議会の議を経て都市計画決定でき、都道府県の都市計画審議会の議を経る必要がなくなった。なお、機関委任事務が廃止されたことによって、都道府県の都市計画審議会の名称であった「〇〇地方都市計画審議会」は、「〇〇都道府県都市計画審議会」に改められた。一見、単純な名称変更のようにみえようが、都市計画における「官治」から「自治」への転換を象徴していよう。

さらに、二〇〇〇年の改正では、これまで都道府県、政令指定都市、中核市で処理されてきた開発行為の許可、都市計画事業の施行区域内における建築等の許可などは自治事務とされた上で、さらに人口二〇万人以上の特例市に移譲された（人口二〇万人未満の自治体については都道府県の自治事務）。

このように、二〇〇〇年の改正は、都市計画決定や都市計画事業決定に関する国の関与を大幅に緩和した。もちろん、地域地区指定は基準・標準とされずに画一的に定められている。用途地域内における建築物規制も同様である。また三大都市圏の既成市街地や近郊整備地帯の地域地区指定が、基礎自治体の自治事務とされなかったことは、都市計画における基礎自治体重視の原則の徹底を欠いているともいえる。とはいえ、六八年法が掲げた都市計画における地方分権は、ようやくにして緒についたというべきであろう。

## ◆景観法の施行と都市計画

日本の都市計画においては、これまでみてきた法・行政制度の集権性と経済性・効率性の追求があいまって、都市の景観への配慮が欠けてきた。自治体は景観に関する条例を制定し美しい街並みの形成や歴史的都市景観の保全を試みてきた。二〇〇三年度末において四七〇市町村で五二四の条例、二七都道府県で三〇の条例が制定されている。しかし、景観に関する法制度は未整備であり、自治体の条例が建築物や開発事業の規制を行うにしても規制力に欠けていた。

しかし、良好な都市景観を求める自治体や市民の声の高まりを前にして、国土交通省は二〇〇三年七月に「美しい国づくり政策大綱」において景観に関する法制度の整備を明示した。そして二〇〇四年六月、第一五九通常国会において景観法が成立し、同時にこの施行のための都市計画法、建築基準法などの改正や屋外広告物法などを整備した景観法整備法（景観法の施行に伴う関係法律の整備等に関する法律）も成立した。これらは二〇〇五年六月に完全施行された。

景観法の体系は図7-1のとおりである。景観法は景観行政の主体として「景観行政団体」なる概念を設けている。「景観行政団体」には都道府県、政令指定都市、中核市が自動的になることができる。それ以外の市町村は都道府県との協議・同意にもとづいて「景観行政団体」となることができる。「景観行政団体」は図にみるような景観計画を策定し、景観地区について各種の規制を加えることができる。この景観計画の作成には住民やＮＰＯ団体、土地所有者などの提案が認められている。また、景観行政団体は道路、河川、都市公園などの公共施設について、その管理者の同意にもとづき景観重要施設として景観計画に定めることができる。この意味で、私有地やそこにおける建築物などの規制に加えて、国や都道府県を管理者とする公共施設にも良好な景観の保全や形成が求められた意義は大きいといえよう。

景観法の完全施行は、これまで条例などによって良好な街並みの形成を図ってきた自治体にとっては、有力な法的根拠となる。それだけではなく、景観は都市計画＝まちづくりの基本である。景観法の完全施行から日が浅いが、先にみた都市計画の地方分権化と景観法を活用した市町村の積極的取り組みが求められていよう。

**図 7-1　景観法の体系**

**総　則**　基本理念，国・地方公共団体・事業者・住民の責務

**景観計画**　景観行政団体（原則市町村）による策定（全国で策定可能）

- 景観計画区域内の行為の規制
  - 届出勧告制
  - 建築物等のデザインや色彩については条例で変更命令が可能
- 景観重要建造物・景観重要樹木の指定
  - 地域の景観上重要な建築物や工作物，樹木を指定して保全
- 景観重要公共施設の整備
  - 道路，河川，都市公園，港湾等の景観へ配慮した整備
  - 電線共同溝法の特例
- その他
  - 景観農振計画の策定
  - 自然公園法の特例

**景観地区**　特に，優れた景観を有する地域について，都市計画として市町村が決定

- 建築物の形態意匠等の制限
  - 建築物のデザインや色彩について，市町村による認定
  - 建築物の高さ，壁面の位置の制限等は，建築基準法の建築確認
- 工作物その他の行為の制限
  - 条例を定めることにより，工作物のデザインや色彩を規制
  - 廃棄物の堆積，木竹の伐採等を規制

関連の仕組み

- 準景観地区　景観地区と同様の規制が可能
  - 都市計画区域外の良好な景観を保全するため，市町村が決定
- 地区計画等の特例
  - 地区計画等にも，建築物等のデザイン，色彩の認定制度を創設

**景観協定**　住民の合意により景観上のきめ細かなルール策定

**景観整備機構**　NPO 法人や公益法人を指定して，住民の取組を支援

出典　国立印刷局『時の法令』(1738 号，2005 年 5 月 30 日).

# 8 コミュニティの崩壊と構築

## ◆地方自治とコミュニティ

地方自治が成り立つためには、その構成単位である自治体が地域的な共同性をもっていることが必要である。何らかの共同性を備えた地域社会をコミュニティとよぶが、こうした概念を用いるなら、自治体がコミュニティとしての側面をもつことが地方自治を可能にする条件といえよう。ただ、コミュニティには伝統的な形態と近代的な形態とがあり、それぞれの形態によってそこに成立する地方自治は異なる特徴をもつ。

伝統的なコミュニティの典型は、前近代社会の村落共同体である。そこでは、伝統と習俗によって村落の一体性が保障されており、また農業生産の共同性によって村落の共同性が保障されていた。成員相互間には基本的に和の関係があり、深刻な対立や紛争が生ずることはなかった。こうした伝統的コミュニティでは、集団の秩序は自然に形成されているといってよく、秩序を維持するための人為的努力は必要とされなかったのである。地方自治もまた社会の統合を図る政治の一形態であるから、伝統的コミュニティは、それが完全なかたちで存在する限り、そもそも地方自治それ自体を必要としていないといってよいであろう。そこで地方自治がとられるのは、自然的な一体性が低下したとき、それを補完するためといってよい。

明治時代の日本で制度化された地方自治は、こうした伝統的コミュニティを基礎とするものであった。この時期の日本国家は、村落共同体が解体する以前に外圧によって成立したものであったから、西欧の近代国家とは異なり、その基底部には伝統的コミュニティが依然として存在していた。1章で述べたように、明治政府はこうした共同体的コミュニティを温存することで、国家の安定を図ろうとした。すなわち、各地域の有力者にそれぞれの地域の問題を処理する権限を与えることで、地域共同体の一体性を維持しようとしたのである。こうした伝統的コミュニティは、第二次世界大戦後の急激な都市化と工業化によって解体したが、「共同体の和を保つ」ことをもって自治と解する傾向は、今日でも完全には消滅していない。すでに指摘したように、欧米諸国では「地方政府」や「地方政治」の概念がごく普通に用いられるのにたいして、日本ではもっぱら「地方自治」が用いられるのは、日本の地域社会では政府や政治を必要とするほどの対立や紛争が存在しないとみなされていることを示している。

ただ現実には、こうした意識面での遅れとはかかわりなく、都市部でも農村部でも伝統的コミュニティは消滅しつつあるが、問題はそれに代わる近代的コミュニティが必ずしも創造されていないことである。近代的コミュニティとは、主体的で自主的な個人を単位として成り立つ地域社会である。都市部では人口の流動性が高いために、コミュニティの形成に必要な安定した人間関係が定着しにくいし、農村部では伝統的な人間関係がコミュニティの近代化を阻んでいることが、近代的コミュニティの成立を困難にしていると考えられる。いずれにしても、コミュニティの不在は地方自治の安定した運営を阻害するため、コミュニティづくりが地方自治を確立するための第一歩として強調されることになるといってよい。

## ◆コミュニティ不在の影響

伝統的コミュニティが崩壊し、それに代わるべき近代的コミュニティがまだ成立していないとすれば、そこにみられるのはコミュニティ不在の状況であろう。コミュニティが不在であると、いかなる問題が生じるであろうか。第一に、何よりもまず、安定した地方自治の成立条件ともいうべき住民の定住意識が育たないということである。われわれがその地域に住んでいるという自覚をもっているからであり、その自覚は同じ地域に住んでいる住民との不断のコミュニケーションを通じて育成されるものである。こうしたコミュニケーションのネットワークがコミュニティにほかならないから、コミュニティが不在であるということは、住民相互間のコミュニケーションも充分に行われていないということを意味している。そこでは、住民の定住意識も育たないことは明らかであろう。

コミュニティが不在であることによって生じる第二の問題は、住民自治が著しく困難になることである。住民自治は住民が地方自治に積極的に参加することを前提にしている。住民の参加は地方選挙に参加することから、住民運動や市民運動を組織することに至るまで多様であるが、いずれもコミュニティが存在することによってはじめて活発になることが期待されるであろう。住民相互間に不断の交流が存在しないところでは、選挙運動も浸透しにくいし、住民運動も組織しにくい。現代の社会では、人々は必ずしも相互に孤立して存在しているわけではないが、人々が加入している組織はさまざまな利益をめぐって存在していることが多く、地域を基盤として作られている組織はそれほど多くないといえよう。住民自治が活発に行われるためには、地域社会がコミュニティとよびうるほどの緊密さをもつことが必要なのである。

コミュニティの不在にともなう第三の問題は、教育、防災、保健など従来地域社会のなかで解決されてきた問題が、地域社会を抜きにして処理されていくことである。もともと子どもの教育は、家庭、地域、学校の三つのレベルで行われてきた。とくに子どもの社会化を進めていくためには、地域社会のすべての成人が子どもに共同社会の基本的なルールを教え込むように努めなければならないであろう。コミュニティ不在の今日では、地域レベルでの教育はほとんど機能していないといってよく、さらに家庭教育も充分には機能していないため、学校教育が異常に肥大する結果になっているのである。防災の分野でも、コミュニティの果たしてきた役割は大きいが、コミュニティが不在になれば、台風、地震、火事といった災害の予防や救済は、すべて行政側のサービスだけに依存せざるを得なくなる。保健の分野でも、コミュニティが失われると、地域住民の相互的扶助によって急患に対応するとか、孤独な老人の介護にあたるといったことは不可能になるといってよい。

## ◆過密化社会とコミュニティ

コミュニティの不在がさまざまな問題をもたらすことはすでに述べたとおりであるが、最近ではコミュニティの崩壊ないし不在は、さらに深刻な段階に到達している。それは、人口の過密化が著しい地域と人口の過疎化が著しい地域の双方で顕著な現象だといってよい。まず、過密化がコミュニティをめぐる問題をとくに深刻なものにしている地域は、いうまでもなく首都圏（東京、神奈川、埼玉、千葉）である。首都圏もかつては大阪圏（大阪、京都、兵庫）や名古屋圏（愛知、三重）とならぶ三大都市圏の一つにすぎなかった。しかし今日では、首都圏は多くの指標において突出した位置を占めている。たとえば、人口では首都圏は全人口の二七・〇％を占め、工業出荷額では全国の一九・七％、小売業販売額では二七・四％、電力使用量では二三・一％、国内銀行預金残高では四一・八％をそれぞれ占めている。また、国内銀行貸出残高に至っては、東京だけで三七・九％を占めるほどである（『二〇〇六地域経済総覧』東洋経済新報社）。

首都圏がこのように突出した地位を占めるに至ったのは、さまざまな要因によるものであろうが、やや単純化していえば、もともと産業と行政の中枢都市として巨大都市圏を形成していたものが、最近の情報化と国際化の流れのなかで、国際的な情報中枢都市としての役割をもつようになったことに、その主要な要因があるといえよう。各企業の本社もあげて東京に集中する傾向にあり、上場企業本社全体の半数以上が首都圏におかれている。また、海外金融機関についていえば、日本に進出している機関のうち、八割以上が首都圏に事務所を開設しているという。すべてが首都圏に集中した結果生じた最大の問題は、首都圏の地価の暴騰である。海外の企業も国内の企業もすべて首都圏に事務所をおこうとすれば、わずかな土地を求めて激しい競争が起こり、地価が暴騰するのは避けられない。東京の中心部では、一坪二〇〇〇万円とか三〇〇〇万円という土地も珍しくないであろう。そのため多くの人が、それまで住んでいた土地を売って、郊外に移り住み、それが郊外の土地を騰貴させるというかたちで、首都圏の地価は暴騰を続けたのである。

大阪圏が大阪、京都、神戸という三つの中心をもっているのにたいして、首都圏は結局東京を中心にした地域であり、そこでは非常に多くの人々が東京に勤め先をもっている。しかし、現在の首都圏の住宅事情から、勤め先の近くに住宅をもてる人は非常にわずかであり、たいていは長い時間を通勤に費やしている。その結果、勤めをもつ人には地域で生活する時間がほとんど残されていない。また、首都圏の高い地価のため、住宅は集合住宅というかたちをとらざるを得ず、しかも最近では高層化の傾向にある。こうした集合高層住宅の場合、そこで一日の大半を過ごす人にとっても、いきいきとした近隣関係を作り出すのは難しい。首都圏のいわゆるベッドタウンで、コミュニティを形成することはきわめて困難だといわなければならない。

## ◆過疎化社会とコミュニティ

首都圏は超過密社会といえようが、大都市圏は多かれ少なかれ過密社会であり、程度の差こそあれ、ここにもコミュニティ不在の状況がみられることはたしかである。しかし、コミュニティの崩壊が人々の生活に直接の影響をおよぼしているのはむしろ過疎地の方であろう。都市化と工業化の急速な進行にともなって、日本の至るところに人口希薄な過疎地が作り出されてきた。過疎地域の第一の特徴は、人口の高年齢化である。都会に出て働くことのできる若年層は職を求めて離村する。しかも最近では、夫婦単位で子どもを連れて離村する例も多いので、村に残る人の間では高齢者の比率が高くならざるを得ないのである。地域社会で高年齢者層の比重が著しく高くなると、いろいろな問題が起こるが、最も深刻な問題の一つは、地域の防災活動がほとんど不可能になることであろう。伝統的に農山漁村では、火事や地震や洪水などの災害が起こった場合、地域の組織が防災活動を担ってきた。消防団はその典型的な例といってよいであろう。コミュニティの崩壊は防災活動を困難にすることで、地域住民の生活を直接脅かすことになる。

コミュニティの崩壊は、過疎地に住む人々の精神的な面にも深刻な影響をおよぼしている。とくに、過疎地に住む高齢者の場合は、一人で住んでいることが多く、周囲との交流の機会もほとんどみられない。こうした高齢者が心身の不調に苦しむようなときには、自殺に走るといった危険もある。実際、過疎地の老人の間では、自殺率はかなり高いのである。過疎地では地域交通がはなはだ不便であることも、老人の孤立化に拍車をかけているといえよう。もちろん、過疎地域の問題は高齢者層の問題だけであるわけではない。コミュニティの崩壊は中高年層だけではなく、青少年層にも影響をおよぼしている。たとえば、青年層の場合、仲間同士の活発な交流も期待できない。農村の青年の結婚難が社会問題の一つになっているが、その理由の一部として、コミュニティの崩壊により、仲間同士の交流の機会が乏しくなったことも無視できないであろう。

過疎化は必ずしも農山漁村だけに限られてはいない。最近では、産業構造の変化によって、かつては鉱工業の中心地でありながら、人口の激減したところもある。こうしたところも含めて過疎地には、中央あるいは地方の政府による適切な対策が必要とされるであろう。しかし、もともと過疎地は、政治家にとって魅力的な票田ではないし、投入した資金が多くの副次的効果をもたらすようなところでもない。そのため、過疎対策は首長や議員の間につねに熱心な支持者を見出すとは限らない。それだけに、過疎対策はたんなる効率の原理よりも公正の原理にもとづいて推進されることが必要とされるのである。

### ◆コミュニティと自治体

過密地であれ過疎地であれ、コミュニティの不在は地域住民の生活に重大な影響をおよぼしている。同時にコミュニティの不在は、自治体にとっても多くの機能障害をもたらすことになるであろう。自治体の多くの施策は、地域社会が何らかのまとまりをもっていてはじめて、有効に機能することが期待されるからである。そこで、コミュニティづくりを進めることは、地域住民にとって重要な課題であるだけでなく、自治体にとっても無視しえない政策課題となる。

では、コミュニティづくりには、いかなる方策がありうるか。ここで明らかなことは、コミュニティは住民相互間のコミュニケーションに基礎をおくものであるから、住民相互間のコミュニケーションが始まらない限り、いかなるコミュニティもありえないということである。言い換えれば、地域住民の自主的主体的な参加がなければ、コミュニティが形成されることは期待できないのである。したがって、自治体がコミュニティづくりにおいて果たしうる役割は最初から限定されているといわなければならない。その限定された役割とは、約言すれば、コミュニケーションの行われる場を設定することであろう。それは設備としての場と制度としての場の双方を含んでいる。すなわち、自治体のなしうることは、一方で地域住民が気軽に利用できるコミュニティ・センターやコミュニティ・スポーツ施設を建設することであり、他方で地域住民に集会や催し物の機会を提供したり、住民が自主的に組織する文化団体やスポーツ団体に財政的援助を与えたりすることに限られているといってよい。

こうした施設や機会を利用して現実にコミュニティを形成するのは、いうまでもなく、地域住民の課題である。ここでとくに重要なことは、近代的コミュニティは多かれ少なかれ多元的に構成されているということである。日本では、ともすれば、伝統的コミュニティが想定されて、全構成員が一個の組織に参加することが当然とされることが少なくない。その結果、もっぱら世帯主が構成する町内会や自治会が、典型的なコミュニティ組織とされ、こうした組織を整備することがコミュニティづくりの目標とされることになる。しかし、近代的なコミュニティは個人を単位として成り立つものであり、個人の関心が多元的である以上、コミュニティ組織も多元的である。住民の多様な関心にもとづく多様な組織が作られ、それらの組織がそれぞれの目標に応じて活発な活動を行う結果として、コミュニティが形成されるのである。自治会や町内会がなくてもコミュニティは存在しうるし、もし自治会や町内会が地域住民の多様な活動を抑圧するような場合には、それはむしろコミュニティにとって有害だとさえいえる。現代のコミュニティはあくまでも個人を単位として形成されるという原則は、コミュニティ活動のなかで不断に確認されなければならないであろう。

### ◆コミュニティ活動とボランティア

コミュニティづくりが、結局は地域住民の自主的な活動によって支えられるほかないとすれば、地域で自主的自発的に活動する市民がどれだけ存在するかが、コミュニティづくりの成否を決めることになるであろう。自主的自発的に社会活動にたずさわる人々はボランティアとよばれる。ボランティアの特徴の一つは、だれかの強制によるのでもなく、また何らかの物質的な利益に誘われるのでもなく、活動それ自体を目的として活動することに求められるであろう。もちろん、大災害の後に活動する救援ボランティアは、被災者にたいする同情心に溢れているであろうし、高齢者の介護にあたる福祉ボランティアは、高齢者にたいする共感に動かされているに違いない。しかし、ボランティアは、同情心や共感によって動かされているというよりは、活動それ自体が与える充足感を享受するために、あるいは活動それ自体が生きがいになっているから、ボランティア活動に参加するのである。

こうしたボランティア活動が最も活発に行われている国の一つは、アメリカ合衆国である。アメリカでは、実に多くの面にわたって、ボランティアの活躍がみられる。救援や福祉はもちろん、選挙運動も基本的にボランティアによって支えられている。アメリカの選挙運動は、政党中心ではなく、候補者中心に行われるが、候補者中心の運動を支えているのは、「手弁当」で集まる支持者である。博物館や美術館の運営も、ボランティアによって支えられている部分が大きい。教育でも、ボランティア活動の重要性が強調されており、州によっては、選挙運動への参加を高校社会科の単位の一部として認定するところさえある。

欧米諸国に比べると、日本のボランティア活動は低調である。職業をもって勤めに出る人たちは、家で過ごす時間が限られており、ボランティア活動に意欲を示すことはきわめてまれである。こうした状況にも変化の可能性があることを示したのは、一九九五年一月の阪神・淡路大震災であった。このとき、被災者救援のために、若者を中心に多くの人々が自主的自発的に被災地に入り、多彩な活動を展開した。それは大震災という非常事態にたいする一過性の対応ではなく、日本社会にもボランティア活動が根付く可能性を示したといってよい。

阪神・淡路大震災は、自然災害などの非常事態に際しては、近隣の人々の相互扶助が被災者の死活にかかわる重要性をもつことを示したといえよう。こうした相互扶助が可能であるためには、安定したコミュニティが形成されていることが必要である。この場合、コミュニティとは決して住民組織に収斂されるものではない。住民組織はコミュニティを構成する一要素にすぎず、地域のボランティアの活発な活動がコミュニティを実現するのである。ボランティア活動の集積によって生み出されたコミュニケーション・ネットワークこそがコミュニティにほかならないともいえよう。

多大な犠牲者を出した阪神・淡路大震災であったが、ここに萌芽したコミュニケーション・ネットワークの重要性と有為性を多くの市民に認識させたといえよう。二〇〇四年の中越地震に際しても多くのボランティアが被災地に駆けつけた。また日本海沿岸で度重なったタンカー事故による重油の流出の被害地にも、多数のボランティアが集まった。

## ◆NPO活動とコミュニティ

ボランティア活動が、こうした大規模な災害や事故を機として社会的に注目をあびることによって、従来から市民運動として追求されていた非営利法人の法制化が、政治の課題として認識されるようになった。九八年三月には全会一致で「特定非営利活動促進法」(通称「NPO法」)が国会で成立し、同年一二月一日に施行された。この法律は「ボランティア活動をはじめとする市民が行う自由な社会貢献活動としての非営利活動の健全な発展をうながし、公益の増進に寄与すること」(第一条)を目的とすると定めた。そして、法律の定める一二の分野で非営利活動を行う市民団体にたいして都道府県の認証によって法人格を与えるとした。この法律にもとづくNPO法人の認証機関としての都道府県は、条例によって施行のための手続きなどを定めたが、それにくわえてNPO法人との関係や支援について定めたところも多かった。とくに法人化すると法人住民税の均等割(都道府県と市町村であわせて七万円)が地方税法上課されるが、その免税措置がすべての都道府県でとられた。

ボランティア活動とNPO法人との関係は一概にいえない。具体的活動をボランティアにゆだねつつ、そのコーディネートのために専従の職員をおくＮＰＯ法人もある。あるいは専従スタッフ中心に活動しているＮＰＯ法人も存在する。しかし、組織運営の役員は無償が原則であり、報酬を受けるＮＰＯ法人の役員は、総数の三分の一以下と推定されている。したがって、ＮＰＯ法人はボランティアのゆるやかな組織化を意味しているといえよう。

ＮＰＯ法にもとづき認証され活動している法人数は、約七〇〇〇を数える（二〇〇四年度末）。これ以外にも法人格をもたないが非営利の活動を行っている団体が、全国各地に生まれている。ＮＰＯ法人や非営利活動を目的とする市民団体の活動領域も多岐にわたる。子育て、就業、ＤＶなどをはじめとした各種の相談業務を担っている団体もあれば、行政の施策の網の目からはずれた福祉や教育活動を担う団体もある。また、まちづくりの構想をまとめ自治体行政に提起している団体もある。ＮＰＯ活動には、人材のリクルートや行政とのかかわり方、経営基盤の強化などの課題が山積している。それでも、こうした活動が全国各地で展開されるようになったことは、先に述べたような意味でのコミュニティが創生しつつあることを示していよう。

## ◆「地域通貨」の運動

近年、ＮＰＯ活動やボランティア活動と密接な関係をもちつつ、各地で展開されている運動に、「地域通貨」の発行がある。日本全国で三〇〇ほどの「地域通貨」が発行されているとされるが、当然それは通貨法や日本銀行法の定める法貨とは異なる。一定の地域における「法貨」との兌換を認められたものではない。「地域通貨」の形態は、個別的にみれば多様であるが、共通しているのは完全な有償でもなければ完全な無償でもない、中間的な交換領域の存在を前提とした信用の供与である。

たとえば、無償のボランティアとして高齢者の介護をするのではなく、その対価としてサービス時間に応じた単位の「証書」がサービス受給者から提供者に支払われる。それを受けたサービス提供者は、今度はそれを用いてサービスを購入できる。あるいは、まちづくり支援センターといった団体（NPO法人）がメンバーを募り、そのメンバー間で通用する「通貨」で商品の「購入」などを行おうとする試みもある。法貨による商取引が中心市街地の衰退を招いてきたことに着眼し、一定の地域的範囲で再生を図ろうとするものである。この場合にも、まったく法貨との交換ができないメンバー間のカードのようなものもあれば、「商品券」としての「地域通貨」をあらかじめ購入し、それによる商品の購入・交換を行っているところもある。

先に三〇〇ほどの「地域通貨」と述べたが、このほとんどが一九九九年以降に発行されたものである。「地域通貨」の運動が、今後どの程度のひろがりをみるか、予測することは難しい。しかし、地域が新たな商品やサービスの交換方法を多様に創意工夫していくならば、ここにもまたコミュニケーション・ネットワークとしての新たなコミュニティが創られていくことであろう。

地縁・血縁による「コミュニティ」、あるいは行政の委嘱を受けた「ボランティア」や住民団体とは異なる個人の自立(自律)を基本としたコミュニティが生み出されようとしていることだけは確かである。

# 9 ◆地域保健・医療

## ◆共通の関心としての高齢化

日本は人口の高齢化問題を抱えることなく近代化を達成してきた。しかし、今日高齢者人口は急速に増加しようとしている。政府の統計と今後の予測によるならば、二〇〇〇年に六五歳以上人口は二二〇〇万人であり、総人口の一六・三％を占める。二〇五〇年には三五八六万人の高齢者人口（高齢化率三五・七％）を抱えると推計されている。この時、生産人口（一五歳から六四歳）比率は、五三・六％とされている（図9-1）。

国連は加盟国の統計を整理するにあたって、六五歳以上人口が総人口の七％以上に達した時、その国を「高齢化した社会」と定義している。また、一四％を超えると「高齢社会」としている。フランスが七％の高齢者人口を抱えたのは一八六四年であり、一四％となったのは一九七九年であり、この間実に一一五年である。同様に、スウェーデンで八五年、イギリス四七年である。日本は一九七〇年に高齢者

図 9-1　人口の推移と見通し

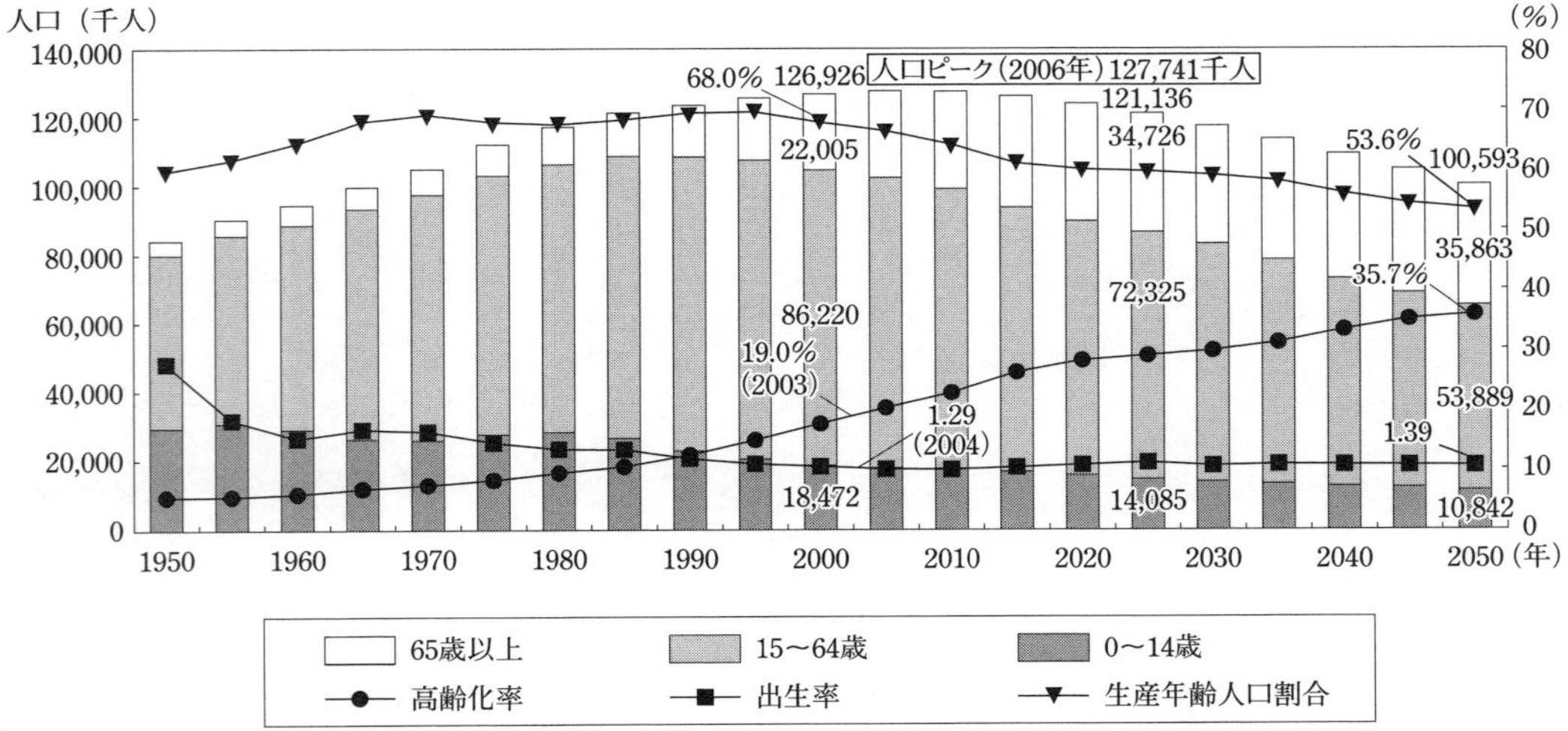


資料　2000 年までは総務省統計局「国勢調査」，2005 年以降は国立社会保障・人口問題研究所「日本の将来推計人口（2002 年 1 月推計）中位推計」.
出典　厚生労働省編『厚生労働白書　平成 17 年版』（2005 年 8 月）.

人口が七％となり、九四年に一四％となった。この間わずかに二四年でしかない。この右肩上りのカーブは、今後より急速に進行する。

この状況を「長寿社会」の実現として、喜んでばかりはいられないであろう。高齢者人口の増加は、社会のあり方に大きな影響をおよぼさざるを得ない。比率的に低下した生産人口で、社会保障をはじめとした安定した生活実現のための基幹的制度を維持していかなくてはならない。若年層と高齢者との関係は、個人の日常生活のレベルにおいても多くの変化を求めることであろう。一方、高齢者のライフスタイルは多様であるにしても、基本的に高齢化にともなう疾病等を免れることはできないであろう。しかも、厚生労働省の推計によれば、都市部において急速な高齢化が進行するとされている。二〇〇〇年に六五歳以上人口が四八〇万人であった東京都、埼玉県、神奈川県、千葉県の一都三県は、二〇三〇年に約二倍の九二〇万人となると見込まれている。

こうして、高齢社会にソフト・ランディングするためには、多岐にわたる政策の変更が求められている。本章と次章では、そのなかでも自治体行政の重要課題となっている、地域の保健・医療と福祉について取り上げてみる。

## ◆高齢化社会と地域の重要性

高齢化社会においては、自治体の役割が一段と重要性を増す。人の生き方にはそれぞれの考え方があるが、福祉や医療の先進国においてシステムの基本となっているのは、今まで生活している場所に、継続して暮らせるようにすることである。それによって、長年にわたって築いてきた人間関係を維持していくとともに、地域における共生のネットワークを築くことである。それは日本においても、高齢化社会の生活を考える基本理念とされなくてはならないだろう。

とはいえ、このためには、高齢者の生活能力をできるだけ長期に維持するための在宅ケアや訪問看護を必要とするし、重度の疾病を患うのをできるだけ防止する保健のシステムを必要とする。そのための社会資本と人材が整えられなくてはならない。こうしたシステムは、中央であれ自治体であれ、政府のみによって築き維持するのは難しい。むしろ政府の責任において基礎条件を創りつつ、社会の諸資源のネットワークを創りあげなくてはならない。しかし、地域の条件が多様であり、同時にシステムの性格が地域密着型とならざるを得ないとき、中央政府が基本的条件の整備に多くの責任をもつべきだが、地域の政府としての自治体の責任が大きくならざるを得ない。自治体は、地域における保健・医療・福祉の連携を図る計画行政を、押し進めなくてはならない。人口の高齢化を前提とした社会システムの構築は、政治・行政構造の分権化と密着しているのである。

日本の保健行政や福祉行政は、戦後一貫して高度に集権的構造のもとにおかれてきた。それが変化のきざしを示し出すのは、一九九〇年代に入ってである。九〇年の福祉八法の大改正後、市町村重視の原則が強調され、市町村は老人保健福祉計画の策定とそれにもとづく行政の実施を義務づけられることになった。もっとも、この市町村に策定が義務づけられた老人保健福祉計画は、次章で述べる介護保険制度のもとで実効性をもつことなく終わった。ただし、福祉八法の大改正に続いた地域保健法の制定は、あらためて市町村の責任として地域保健事業（「健康づくり」）の実施を求めるものであった。

## ◆老人保健法の制定と地域保健への視点

一九八二年に制定された老人保健法は、それ以前の老人福祉法にもとづく老人医療の無料化に終止符を打ったゆえに、当時多くの批判をよび起こした。この点については、財政政策全体にわたって再考を必要としているともいえる。

とはいえ、老人保健法によって自治体を軸とした地域の保健システムに新しい動きが生じたことを、肯定的に評価しておきたい。老人保健法によって、それまでの老人福祉法にもとづく特別養護老人ホーム（介護老人福祉施設）に加えて、新たに老人病院（介護療養型医療施設）と老人保健施設（介護老人保健施設）が、治療・療養施設として位置付けられた。当時、老人保健施設は医療（治療）と福祉（生活）の「中間施設」とよばれたが、それは次のような意味である。

つまり、病院はあくまで医療施設である。疾病が治癒したならば障害が残ろうとも退院を余儀なくされる。介護を要する高齢者の急増は、医療施設から家庭へ直接帰ってしまうところに重要な理由がある。本来は、医療施設と家庭の中間にあって身体的・社会的リハビリテーションが必要とされる。それが老人保健施設に付与された目的であった。在宅・地域福祉を基本的な理念とするとき、老人保健施設はそのためのキー的施設として位置付けられたのである。

ところが、老人保健施設と特別養護老人ホームとの整合性は、今日なお明確でないといわねばならない。本来、特別養護老人ホームは、在宅・地域のケアを基本としつつも施設介護を必要とする人々のための施設である。だが、特別養護老人ホームの方が、法的にも先行した施設であるためか、「収容型施設」の整備をもって保健・福祉の前進とする考えが強く、老人保健施設を特別養護老人ホームの「代替施設」とする考えが生じてしまっている。二〇〇〇年四月以降の介護保険を基軸とした高齢者ケアにおいても、両者さらには療養型医療施設（老人病院）との関係が整理されているとはいえない。「介護保険施設」として、明確な機能分担がないまま施設入所型ケアを担っている。

ところで、老人保健法は、老人保健施設の整備とならんで、市町村の保健事業を定めるものであった。保健事業の内容は、健康手帳の交付、健康教育、健康相談、健康検査、機能訓練、訪問看護などである。この側面に着目するならば、地域保健事業が自治体の課題とされた意義は大きかったといえる。だが、地域保健事業を自治体が支える行政体制は、老人保健法制定段階においては未整備であった。

## ◆地域保健法の制定と地域保健

戦後長らく地域保健の実施機関とされてきたのは保健所であった。保健所の設置や権限を定めた保健所法は一九三八年に制定され、戦後の一九四七年に改正されたが、それは公衆衛生行政の第一線機関としての保健所についての行政組織法であった。

保健所の権能は、戦後の社会経済発展過程において複雑なものとなった。保健所には地域保健行政機関として保健相談、指導、健康診断などに加えて、精神衛生法、結核予防法、伝染病予防法、食品衛生法などにもとづき、保健所長が職権で処理する各種の許認可事務や試験検査などが次々と付与された。これら保健所の事務の多くは機関委任事務とされてきた。

それればかりか、保健所は保健所法の政令で定める市、地方自治法の定める政令指定都市のみが市立保健所を設置でき（一九七五年以降はこれらに東京二三特別区が加わった）、それ以外の地域の市町村には都道府県設置の保健所がおかれた。したがって、保健所の管轄区域は、多くの場合市町村の区域と一致していなかった。大半の市町村にとって保健所は「上級行政機関」にほかならなかった。しかも、保健所法のもとでは「保健センター」といった「類似」名称の組織の設置も認められていなかった。いかに市町村が地域保健や福祉との一体化を地域の視点から図ろうとしても、きわめて難しかった。

厚生省（現厚生労働省）は、一九九三年一月に公衆衛生審議会に地域保健基本問題研究会を設置し、一九九〇年の福祉八法の大改正で先行した市町村重視の原則に対応する地域保健行政の検討を開始した。この研究会は同年の七月に老人保健、母子保健の市町村への移譲、それにもとづく市町村の実施体制の整備、保健所機能の整理と統合を中心とした「地域保健対策の基本的あり方」をまとめた。これは公衆衛生審議会の「意見具申」として厚生相に提出され、地域保健法案としてまとめられた。

こうして、一九九四年六月に旧来の保健所法に代わる地域保健法が国会で成立し、九七年度から完全施行された。従来の保健所法は人口一〇万人に一ヵ所を基準としていたが、地域保健法は医療法のいう第二次医療圏（おおむね人口三〇万人）を斟酌して設置するとした。そして、市町村保健行政との関連で①所管区域の地域保健についての情報の収集、調査研究、②都道府県保健所については、所管区域内市町村の連絡調整、③市町村の求めに応じた技術的助言や職員の研修を定めた。

この一方において、地域保健法は、保健所の設置を認められていない市町村にたいして、保健センターの設置を法的に認めるとともに、必要に応じて設置・運営の補助金を支出するとした。対象とされる保健センターには、この名称に限らず健康管理センターや母子保健センターなどを含むとされた。またこの法律は市町村における保健師や看護師などの人材確保のために、都道府県に「人材確保支援計画」の策定を求めるものであった。

こうして、老人保健法の制定にはじまる市町村による地域保健事業は、制度上の枠組みを整えた。二〇〇四年四月現在で保健所は、都道府県（四三三）、政令で定める市（一一五）、特別区（二三）の五七一ヵ所設置されている。また市町村保健センター（類似名称を含む）は一八〇三ヵ所設置されている（表9-1）。保健所の総数が減少しているのは、地域保健法にもとづき機能の再編と区域の拡大が行われた結果である。自治体は、保健センターを中心として老人保健法に定める健康診断や相談（二〇〇五年段階における老人保健法の保健事業は表9-2）、母子保健法にもとづく健康診断や育児相談などを自覚的に追求している。しかし、地域における「健康づくり」に不可欠であるのは、保健センターでの活動に加えて、地域の医療関係者、学校や事業所の保健関係者などを中心とするネットワークの形成であるといってよい。

二〇〇〇年に国が定めた「二一世紀における国民健康づくり運動（健康日本21）」は、都道府県、市町村は、地域における各種の健康状況に関する分析にもとづき具体的到達目標を定めた地方健康増進計

**表 9-1　保健所・市町村保健センター数の推移**

| 年　度 | 1995 | 1996 | 1997 | 1998 | 1999 | 2000 | 2001 | 2002 | 2003 | 2004 |
|---|---|---|---|---|---|---|---|---|---|---|
| 保健所 | 845 | 845 | 706 | 663 | 641 | 594 | 592 | 582 | 576 | 571 |
| 市町村保健センター | 1,333 | 1,408 | 1,494 | 1,577 | 1,630 | 1,666 | 1,705 | 1,746 | 1,782 | 1,803 |

資料　厚生労働省健康局調べ（市町村保健センターについては，保健衛生施設等施設整備費補助金分）.
注 1　保健所は，各年 4 月 1 日現在.
　 2　市町村保健センターは各年度末現在.
出典　厚生労働省編『厚生労働白書　平成 17 年版』（2005 年 8 月）.

画を策定すべきとした。都道府県計画は、二〇〇一年四月までにすべての都道府県で策定されているが、市町村計画は二〇〇四年七月現在で一二二二市町村（全体の三九・一%）にとどまっている。しかし、これを市町村の「怠慢」と批判するのは、かならずしも的を射ていない。とくに小規模自治体においては、人材に限りがある。また近年の高齢者介護のニーズに押されて保健師や看護師の活動の力点が、介護を要する高齢者への対応に向かわざるを得ないのが実態である。都道府県がとりわけ小規模町村にたいして各種の人材による積極的支援を行わねばならないであろう。

また、「健康増進計画」の重要な柱とされているのは、「高齢者のライフスタイルの転換」である。しかし、これを健康診断、相談、栄養指導といった保健行政分野のなかでのみ推進しようとしても、おそらくは有効性をもたない。「健康日本21」は、摂取栄養指標と摂取量まで謳っているが、視野の狭窄を免れない。自治体の「健康増進計画」には、いかに多世代間の交流を図り、人々のモティベーションを高めるかが、中心におかれるべきであろう。

この意味で、自治体の地域保健事業は、行政分野を越えて横断的

る保健事業の概要

| 内　容 | 実施場所 |
|---|---|
| ○医療受給者証及び医療の記録並びに医療の補足<br>○健康診査，健康教育，健康相談，機能訓練，訪問指導の記録<br>○生活習慣行動等の把握<br>○生活習慣病の予防及び老後における健康の保持と適切な医療のための知識等については，市町村が創意工夫し作成 | |
| ○個人の生活習慣を具体的に把握しながら，継続的に個別に健康教育を行う<br>・高血圧個別健康教育<br>・高脂血症個別健康教育<br>・糖尿病個別健康教育<br>・喫煙者個別健康教育<br><br>○健康教室，講演会等により，以下の健康教育を行う<br>・歯周疾患健康教育<br>・骨粗鬆症（転倒予防）健康教育<br>・病態別健康教育<br>・薬健康教育<br>・一般健康教育<br><br>○介護を行う者に発生しやすい健康上の問題に関する一般的な知識や留意事項 | 市町村保健センター<br>医療機関等 |
| ○幅広く相談できる窓口を開設し，以下の健康相談を行う<br>・高血圧健康相談・高脂血症健康相談・糖尿病健康相談・歯周疾患健康相談・骨粗鬆症健康相談・病態別健康相談<br><br>○対象者の身心の健康に関する一般的事項に関する指導，助言<br><br>○家族等の介護を行う者の身心の健康に関する指導，助言 | 市町村保健センター等 |
| ○必須項目<br>・問診・身体計測（身長，体重等）・理学的検査（視診，打聴診，腹部触診等）・血圧測定・検尿（糖，蛋白，潜血）・循環器検査（血液化学検査）・総コレステロール，HDL－コレステロール，中性脂肪・肝機能検査（GOT，GPT，γ-GTP）・腎機能検査（クレアチニン）・血糖検査<br>○選択項目〔医師の判断に基づき実施〕<br>・心電図検査・眼底検査・貧血検査（赤血球数，ヘモグロビン値，ヘマトクリット値）・ヘモグロビン $A_{1C}$ 検査<br>○基本健康診査の検査項目に準ずる<br>○基本健康診査の検査項目に準ずる | 市町村保健センター<br>保健所<br>検診車<br>医療機関等 |
| ○検診項目・問診<br>　　　　　・歯周組織検査 | |

**表 9-2**　老人保健法によ

| 種類等 | | | 対象者 |
|---|---|---|---|
| 健康手帳の交付 | | | ・老人保健法の医療の受給資格がある者<br>・健康診査の受診者，要介護者等で希望する者 |
| 健康教育 | ・個別健康教育 | | ・基本健康診査の結果「要指導」の者等 |
| 健康教育 | ・集団健康教育 | | ・40 歳以上の者<br>・必要に応じ，その家族等 |
| 健康教育 | ・介護家族健康教育 | | ・40 歳以上の者のうち，家族の介護を担う者等 |
| 健康相談 | ・重点健康相談 | | ・40 歳以上の者<br>・必要に応じ，その家族等 |
| 健康相談 | ・総合健康相談 | | |
| 健康相談 | ・介護家族健康相談 | | |
| 健康診査 | 基本健康診査 | ・基本健康診査 | ・40 歳以上の者 |
| 健康診査 | 基本健康診査 | ・訪問基本健康診査 | ・40 歳以上の寝たきり者等 |
| 健康診査 | 基本健康診査 | ・介護家族訪問健康診査 | ・40 歳以上で家族等の介護を担う者 |
| 健康診査 | 歯周疾患検診 | | ・40, 50, 60, 70 歳の者 |

| 内　容 | 実施場所 |
|---|---|
| ○検診項目・問診<br>・骨量測定 | 市町村保健センター<br>保健所<br>検診車<br>医療機関等 |
| ○生活習慣行動質問票及び社会，生活環境等訪問表の配布<br>○質問票の回答結果及び基本健康診査の結果等並びに問診等の方法による食生活，運動，休養等に関する個人の生活習慣を把握，評価し，当該対象者にふさわしい保健サービスを提供するための計画を策定<br>○個人に即した具体的な生活習慣改善方法の提示 | |
| ○C 型肝炎ウイルス検査<br>・HCV 抗体検査<br>・HCV 抗原検査（必要な者のみ）<br>・HCV 核酸増幅検査（必要な者のみ）<br>○HBs 抗原検査<br><br>(注) 節目検診については基本健康診査とあわせて実施 | 市町村保健センター<br>保健所<br>検診車<br>医療機関等 |
| ○医療機関への受診指導 | |
| ○市町村保健センター等適当と認められる施設で実施<br>・転倒防止，失禁予防，体力増進等を目的とした体操<br>・習字，絵画，陶芸，皮細工等の手工芸<br>・レクリェーション及びスポーツ，交流会・懇談会等<br><br>○集会場，公民館等の身近な施設や公園等の屋外で実施<br>・スポーツや絵画・工芸等の創作を主体とした活動<br>・交流会，懇談会及び地域の諸行事への参加等を主体とした活動 | 市町村保健センター<br>老人福祉センター<br>特別養護老人ホーム<br>介護老人保健施設等<br><br>公民館，集会場，体育館，公園等の地域住民の身近な場所 |
| ○家庭における療養方法等に関する指導<br>○介護を要する状態になることの予防に関する指導<br>○家庭における機能訓練方法，住宅改造，福祉用具の使用に関する指導<br>○家族介護を担う者の健康管理に関する指導<br>○生活習慣病の予防に関する指導<br>○関係諸制度の活用方法等に関する指導<br>○痴呆に対する正しい知識等に関する指導 | 対象者の居宅 |

担を介護予防・生活支援事業で対応.

| 種類等 | | 対象者 |
|---|---|---|
| 健康診査 | 骨粗鬆症検診 | ・40, 45, 50, 55, 60, 65, 70 歳の女性 |
| | 健康度評価<br>・生活習慣病の予防に関する健康度評価<br>・介護を要する状態等の予防に関する健康度評価<br>・生活習慣行動の改善指導 | ・40 歳以上の者 |
| | 肝炎ウイルス検診 | 節目検診（5 歳刻み）<br>「40, 45, 50, 55, 60, 65, 70 歳で老人保健法に基づく基本健康診査の受診者」 |
| | | 要指導者等検診<br>「上記節目検診以外の対象者のうち，過去に肝機能異常を指摘されたことのある者，広範な外科的処置を受けたことのある者又は妊婦・分娩時に多量に出血したことのある者であって定期的に肝機能検査を受けていない者，及び，基本健康診査においてALT（GPT）値により要指導とされた者」 |
| | 受診指導 | ・基本健康診査の結果「要医療」等と判定された者 |
| 機能訓練 | | 〔A 型（基本形）〕<br>・40 歳以上の者で，疾病，外傷その他の原因による身体又は精神機能の障害又は低下に対する訓練を行う必要がある者<br>〔B 型（地域参加型）〕<br>・虚弱老人（寝たきり判定基準のランク J に相当する者） |
| 訪問指導 | | ・40 歳以上の者であって，その心身の状況，その置かれている環境等に照らして療養上の保健指導が必要であると認められる者 |

注　介護家族健康教育・介護家族健康相談・機能訓練 B 型については，平成 13 年度から費用負

出典　表 9-1 に同じ.

に取り組むべき課題といえよう。

### ◆地域医療と人材の確保

地域保健と地域医療はメダルの両面であるといってよい。地域保健の推進によって医療へのニーズを抑制しても、疾病を免れない人々も多い。地域の医療機関は保健機関と一体となってニーズの高まりを防ぐとともに、患者についてはできうる限り初期の段階における健康指導などを通じて、その回復をうながしていかなくてはならない。

一般的にいって、日本の医療機関は高度に整備されてきた。医師数も一九七〇年に人口一〇万人当たり一一四・七人であったが、八六年には同じく一五七・三人となり、総数一九万一三四六人となった。さらに、二〇〇二年末には、同じく二〇一・五人、総数二六万二六八七人となった。政府はかつての医師絶対的不足が叫ばれた時代とは一転して、医科大学・医学部の入学定員の削減を進めてもいる。だが、医師の総数は増加したものの地域ごとに見るならば、医師数にはバラツキがみられる。実際、人口一〇万人あたりの医師数は、徳島県の二五八・七人から埼玉県の一二一・八人まで約二倍の差がみられる。また、無医地区（当該地域の中心的な場所を起点に半径四キロメートルの区域内に五〇人以上が居住しており、かつ容易に医療機関を利用できない地区——厚生労働省定義）は、二〇〇四年一二月末現在で全国七八七ヵ所に及ぶとされている。また、小児科、産科、麻酔科など専門医の偏在も地域の重要な問題とされている。

地域的な医師数や専門医のアンバランスをいかに是正するかは、中央政府や大学医学部の責任でもある。だが、実際問題として、政府が医師の勤務先を強制することはできない。結局のところ、医師の不足や無医地区を抱える県の医師確保の試みにかかっている。各県でさまざまな工夫がなされているが、県域内で働く意向のある医師の登録、小規模町村と都市部の医療機関に交互に働く制度の導入、大学病院などへの医師の派遣要請などが限界であるといわねばならない。無医地区を抱える町村に至っては、過疎地の診療に熱意をもつ医師に頼ること以外、打つ手がないのが実情である。ここに医師過剰時代とはいわれるものの、地域医療の人材面における最も困難な問題がある。

このように、医師をはじめとする人材の確保がなお追求されねばならないのだが、その欠陥を埋めるだけではなく、医療の体系化のために問われているのは、地域における第一線の診療所などの医療機関を基礎とした医療のネットワークを築くことである。厚生省は、一九八八年度に都道府県にたいして地域医療計画の策定を義務づけた。医療計画には医療圏（病院病床の整備を図るべき地域的単位として区分する区域）を設定して必要病床数を明らかにし、それに応じた医療機関の整備と病院や診療所の機能連係を強化する方策を定めるものとされている。

都道府県は、これにもとづき医療計画を策定したが、この策定には基礎自治体の参加が充分に保証されたとはいえない。基礎自治体の医療関係者の間には、住民の日常生活を無視した機械的な医療圏の設定との批判も出た。厚生労働省は、二〇〇二年に医療圏計画には量的整備に加えて、主要な事業ごとの数値目標と実現方策の設定、医療機関の特性に合わせた連携のあり方を盛り込むように指導した。これ自体は妥当な方針転換であるといえよう。ただし、そのためには、個人情報に配慮したカルテの電子化といった方法に加えて、患者の搬送体制などが築かれねばならない。この意味で、都道府県を中心として市町村、医療機関などの恒常的なネットワークが必要とされている。

## ◆時代に適合しない国民健康保険

ところで、市町村は地域医療の実情に「困惑」しつつも、政策をリードしうる立場にない。これに加えて、市町村の地域医療面における悩みは、保険者である国民健康保険の赤字にある。日本の医療保険制度は、歴史的経緯もあって実につぎはぎ的に作られてきた。国民皆保険が実現したのは、一九六一年である。組合健保、政府管掌健保、各種共済組合などの被用者医療保険とならんで農林漁業従事者、自営業者、さらに無職者などを加入者とし、市町村が保険者となって医療保険事業を営む国民健康保険が六一年に完全実施され、すべての国民が医療保険の恩恵を受けるようになった。国民健康保険には、市町村を保険者とするものに加えて、医師や歯科医師、薬剤師、土木建設業従業者などによる国民健康保険組合がある。

二〇〇三年度末現在、市町村を保険者とする国民健康保険の適用を受けているのは、約四七二〇万人である。前年度末に比べて、九八万人の増加である。もともと国民健康保険は、被用者医療保険に比較して、財政的に余裕のある保険制度ではない。それでも、加入者の年齢が比較的若く、所得が「安定」しているならば、一定の機能を果たせる。ところが、人口構成の高齢化とともに、市町村を保険者とする国民健康保険の被保険者も高齢化し、無職者の占める割合が増大してきた。

国民健康保険の完全実施当時は、被保険者世帯主の四〇%強が農林水産業に従事していた。そして無職者はわずかに六・四%にすぎなかった。だが二〇〇三年度に農林水産業に従事する世帯主は五・一%であり、無職者は五〇・二%に増加している。農林水産業従事者の減少は第一次産業の衰退に起因していようが、無職者の増大は、こうした産業従事者の高齢化に加えて、定年を迎えた人々が職域の健康保険から国民健康保険に移ったことを意味する。

このような国民健康保険の被保険者状況からは、いくつかの重要な問題が生じる。第一に、高齢化が進み医療費そのものが増加していることである。国保医療費のうち入院の占める割合は、一九六〇年代後半には国民医療費全体に比べ相対的に低率で推移した。だが、七〇年代後半に入院の占める割合が急増し、八二年からは入院がそれ以外を上回っている。第二に、被保険者の高齢化と所得の低下は、国民健康保険税収入を減少させる。そして第三に、もともと国民健康保険の保険者は市町村であり、この分散的な保険者システムには財政力に限界がともなわざるを得ないが、医療費の高額化と国民保険税収入の減少によって、一段と国保会計の弱体化が生じていることである。実際、二〇〇三年度末には九四九団体が赤字団体（前年度末に七八七団体）であり、赤字額は四一八九億円に達している。

もちろん、国民健康保険の被保険者の高齢化に何らの対応もとられてこなかったわけではない。一九八四年一〇月には退職者医療制度が創設された。これは国民健康保険に加入している高齢退職者およびその家族にたいして、被用者保険なみの給付を行うとともに、医療費については、当該退職者自身の保険料と現役時代に所属していた医療保険の被用者ならびに事業主の拠出によって、負担しようとするものである。対象は国民健康保険の被保険者で被用者年金の受給権者（六〇歳以上七〇歳未満）であった。またこれに先立つ八二年に実施された老人保健制度においては、七〇歳以上の者を対象として医療費の三〇％を公費（国二〇・都道府県五・市町村五）、七〇％を各保険者の拠出金によって賄うものとされた。つまり、この双方ともに個別分散的な健康保険制度間に財政調整システムを作り、国民健康保険のみが高齢化の影響を受けないようにするものである。今日、老人保健制度の適用者は、二〇〇二年に七〇歳以上から七五歳以上に引き上げられ、公費負担の割合を五年間で三割から五割に段階的に引き上げるとされた。退職者医療制度の適用者も七四歳まで引き上げられた。しかし、なお国民健康保険財政の基盤は弱体であるといわねばならない。各保険制度間の調整によって国民健康保険は老人保健制度に拠出金を支払わないわけにはいかない。

政府は医療費それも老人医療費の高騰を盛んにいうが、その要因が医療機関の「濫給」や被保険者のモラルハザードによるとはいえない。健康保険制度の抜本的改革が必要とされているのである。とりわけ、国民健康保険は、自治体財政の危機のなかで一般会計からの繰入を欠いて成り立たなくなっているのであり、時代適応性を欠いているといわねばなるまい。

# ◆10 地域福祉

## ◆施設収容型福祉としての戦後福祉行政のスタート

日本の地域福祉は、二〇〇〇年以降、急速に枠組みを変えようとしている。そのあり方をめぐっては、多くの議論が交わされている。本章では、戦後の地域福祉の歩みを振りかえったうえで、今日の地域福祉の焦点となっている高齢者福祉と障害者福祉を中心に、制度枠組みや論点をみていくことにしよう。

さて、戦後日本の社会福祉行政は、特定の対象者を施設に「収容措置」することを中心としてきた。生活保護法、児童福祉法をもって始まった戦後社会福祉立法は、その後の身体障害者福祉法、老人福祉法、精神薄弱者福祉法（知的障害者福祉法）の制定にみるように、経済発展とともに整備されてきた。とはいえ、生活保護行政における金品の給付を除くならば、いずれも施設への収容を有力な行政手段としてきた。その生活保護も、決して金品の給付のみではなく、施設を従たる手段としている。

この施設への収容ないし入所は、「措置」なる行政処分行為として展開されてきたばかりか、厚生相から都道府県知事ないし市長への機関委任事務とされてきた。そして実務的には、法令、告示さらに通達・通知によって統制されつつ、市の福祉事務所と町村部については都道府県の福祉事務所において措置事務が担われてきた。

このような福祉行政のあり方には、すでに一九六〇年代の後半から問題が投げかけられてきた。当時の「革新」自治体は、施設収容型福祉とは別に「在宅福祉」サービスに着手した。施設収容型福祉は、介護の経済・財政効率性のみを考えるならば、それなりの意味をもっている。だが、高齢者であれ心身にハンディキャップをもつ者であれ、現に生活する地域で多くの人間関係を取り結んでいる。そのような人間として生きる権利は、何よりも保障されなくてはならない。大規模な収容施設を造りそこでの生活をもって福祉の進展とする考え方には、大きな疑問が生じて当然である。こうして、一部の自治体から始まった「在宅福祉」サービスの試みは、多くの人々の共感をよび起こした。独居老人にたいするホームヘルプ、寝たきり老人にたいする入浴サービスや訪問看護、心身障害者への介護サービスなどが、各地の自治体において試みられた。

とはいえ、このような「革新」自治体の試みが、政府全体の政策変更をうながしたわけではない。当時の厚生省（現厚生労働省）を頂点とした集権的な福祉行政は、その後の日本の経済・財政状況の変化のなかで紆余曲折をきわめるが、少なくとも一九八〇年代後半に入るまで、高度に維持されてきた。高齢化社会の急速な到来を前にして厚生省は、ようやく「選別型福祉」（特定の生活状況にある人々を権力的に認定し、それらの人々にサービスを給付すること）から「普遍的福祉」（すべての人々を対象とした福祉サービスの実施）への転換をいい、福祉行政における市町村重視の原則を打ち出した。

## ◆機関委任事務改革の先駆け

自治体が試みた在宅福祉や地域福祉サービスには、一九七〇年代後半の地方財政危機とともに、「バラマキ福祉」批判が起きた。さらに、八〇年代に入ると中央政府財政の破綻状況のもとで、個人の自立・自助を基本に近隣や家庭による介護を強調する「日本型福祉社会」論が沸き起こってくる。それが反福祉の論調であることは疑いを入れないが、政府がこの「日本型福祉社会」への全面的回帰を可能と考えていたかどうかは疑わしい。いずれにせよそれは、当時の緊縮財政のもとで、中央から自治体への社会福祉関係経費の削減を押し進めるイデオロギーとして機能した。中央政府は、福祉サービスの供給決定（措置）を機関委任しており、財政負担を免れることはできない。中央政府財政の都合のみを考えるならば、「財政再建」の有力な方法は、自治体に負担金として支出している福祉関係経費を削減することである。

こうして、「日本型福祉社会」論に支えられつつ、「高率補助金の補助率削減」が一九八五年度から実施される。つまり、国の負担・補助率が二分の一を超えるものについて、その負担・補助率の一割を削減するとされたのである。「高率」の負担・補助率が、社会福祉関係事務に集中するのは、ある意味で当然である。この結果、たとえば、生活保護行政の保護費の負担率は、一九五〇年の現行生活保護法が定めていた国一〇分の八・自治体一〇分の二から、それぞれ一〇分の七と一〇分の三に変更された。保護費の基準そのものに変更が加えられていないから、政府は負担を自治体につけ回したことになる。

当初これは、一九八五年度単年度限りの「緊急避難策」とされていたが、八五年度のスタートとともに、次年度以降への継続が問題となった。そして、大蔵・厚生・自治の三相の覚え書きにもとづいて補助金問題検討会が設置された。この検討会は、一九八五年一二月、八六年度から向こう三ヵ年にわたって「高率補助金の補助率削減」を継続するばかりか、さらにその対象範囲を拡大することで合意した。ただし、厚生・自治省サイドは、あたかもこれと取り引きするように、社会福祉関係事務を中心とした機関委任事務の自治体への移管を要求し、補助金問題検討会の報告に盛り込まれた。

こうして、負担・補助率の一割削減は、八六年度から八八年度まで「暫定的」に継続された。一方の機関委任事務の自治体への移管に関する法律は、八六年一二月の第一〇七国会で「地方公共団体の執行機関が国の事務として行う事務の整理合理化に関する法律」(機関委任事務の団体事務化法)として成立し、八七年度より機関委任事務とされてきた事務の一部が、「団体事務」とされ自治体の事務となった。これは二〇〇〇年四月の機関委任事務制度の廃止の先駆けをなすものだった。これよって「団体事務」化されたのは一七法律三三事項であるが、社会福祉行政関係では、身体障害者福祉法、老人福祉法、児童福祉法、精神薄弱者福祉法(現知的障害者福祉法)の四つの法律にわたる一七事項が、「団体事務」とされた。

この改革を先に指摘した「高率補助金の補助率削減」と合わせて考えてみるならば、一部の社会福祉学者が当時強く批判したように、福祉にたいする国の責任放棄といえよう。しかし改革の契機はどうあれ、自治体が福祉において果たすべき役割は、一段と増大したともいえる。ただし、留意しておきたいのは、機関委任事務の団体事務化にともなって改正された法律には、ことごとく「政令の定める基準に従い条例で定めるところにより」なる規定が盛り込まれた。法令と条例との関連については、学問的には多くの議論が展開されているが、法令は全国的ミニマム基準と考えるべきであろう。だが実務の世界では、依然として、条例は「法令に違反しない限り」のものとの解釈が有力である。この実務上の解釈を踏襲するならば、団体事務化は「多様な分権」に道を開いたとはいえない。「統制のとれた分権体制」への転換とみておかなくてはならない要素が残っている。同様の事態は、後に述べる二〇〇〇年四月の介護保険法の施行時にもみられた。これは厚生省に伝統的な思考ともいわれている。

なお、一九八八年度までの「暫定処置」とされた「高率補助金」の補助率は、八九年度から生活保護についての負担率を国一〇分の七・五、自治体一〇分の二・五へと修正し恒久化されたことを除いて、すべてそのまま恒久化された。

## ◆福祉八法の大改正と市町村重視の原則

中央社会福祉審議会、身体障害者福祉審議会、中央児童福祉審議会の合同委員会は、一九八九年三月、「今後の社会福祉のあり方について（意見具申）」を厚生相に提出した。これは今後の社会福祉立法において在宅サービスの位置を明確にすべきこと、とくに老人福祉について高齢者の保健福祉サービスの充実を図るために、住民に最も身近な市町村が、在宅福祉サービスと施設サービスを一元的に担うこと、民間福祉サービスの育成を図ること、などを強調していた。

この「意見具申」を受けた厚生省は、福祉関係八法（老人福祉法、身体障害者福祉法、精神薄弱者福祉法、児童福祉法、母子および寡婦福祉法、社会福祉事業法、老人保健法、社会福祉・医療事業団法）の改正法案を一九九〇年の通常国会に提出し、同年六月に成立させた。

これら福祉八法の改正目的は「法案趣旨説明」において、市町村重視の原則のもとに、計画的な福祉サービスの法的・制度的枠組みを整備することであると説明された。改正点は多岐におよぶが、要点は次の三点である。

第一は、改正された福祉八法のいずれもが、在宅福祉サービスをはじめ「地域の実情に応じたきめ細かな措置」を、市町村に求めたことである。つまり、ホームヘルプ・サービス、ショートステイ、デイサービスなどの全国一律に実施されるサービスに加えて、市町村に地方単独事業としての福祉サービスの実施を求め、両者の組み合わせによる市町村の役割の強化を図ったことである。

第二は、「措置」権限の市町村への完全な移管である。先に述べた「機関委任事務の団体事務化法」によって、生活保護を除く「措置」権限は、都道府県、市および福祉事務所を設置する町村（町村の福祉事務所設置は任意）に移管されたが、それをさらに市町村重視の原則にもとづいて、徹底することであった。一九八七年の改正では、老人福祉法にもとづく特別養護老人ホーム、養護老人ホームなどへの「入所措置」、身体障害者福祉法にもとづく身体障害者更生援護施設への「入所措置」権限は、町村部については都道府県の事務とされていた。この改正では、町村部についても「団体事務」とし、すべての市町村に「入所措置」権限を移管し、在宅福祉サービスと施設福祉サービスの連携を図るとされたのである。

第三は、老人福祉法ならびに老人保健法にもとづいて、すべての市町村・都道府県に「老人保健福祉計画」の策定を義務づけたことである。この計画にあたって自治体は、抽象的な文言で表記するのではなく、具体的目標量を明記せねばならないとされた。より具体的には、計画の第一義的対象者を要介護高齢者とし、彼・彼女らに在宅福祉サービス（ホームヘルプ、デイサービス、ショートステイ）、保健サービス（機能訓練、訪問指導、訪問看護サービス、健康相談など）、施設サービス（特別養護老人ホーム、老人保健施設、養護老人ホーム、ケアハウスなど）を提供するとともに、計画期間（九四年度から九九年度）に整備する目標値を定量的に示し、体制を整えなくてはならないとされた。

この改正を受けて、市町村は、老人保健福祉計画の策定に取り組むとともに、否応なく高齢者保健福祉事業の第一義的責任を担うことになった。これは、従来の集権的な社会福祉行政の末端行政機関から脱して、総合的福祉行政の主体となる可能性が、市町村に開かれたことを意味していよう。とはいえ、人材面・施設面のいずれについても、市町村の努力のみではいかんともし難い問題がある。それだけに、この急激な国の政策転換に市町村の苦悩も大きかった。

## ◆ゴールドプランと市町村行政

中央政府は、高齢者保健福祉における市町村重視の原則に対応するとして、一九八九年一二月に、厚生・自治・大蔵三相の合意によって「高齢者保健福祉推進一〇ヵ年戦略」（ゴールドプラン）を策定し、一九九〇年度を初年度として公共サービスの基盤整備を図ることになった。ゴールドプランは、九五年度に改定され（新ゴールドプラン）、目標値が修正された。

こうした計画が政府によって実施に移された意義は、決して小さくない。ただし、この計画が一九九九年年度に完全に達成されたとしても、人材面での不充分さは免れない状況にあった。たとえば、ホームヘルパーの養成目標は、当初計画では一〇万人とされ、新ゴールドプランでは一七万人と修正された。とはいえ、九〇年段階で人口一〇万人あたりのホームヘルパー数は、スウェーデン九一三人、デンマーク七〇二人であるが、日本ではわずかに二五人にすぎなかった。仮に一七万人の養成ができても、人口一〇万人あたり一二七人であり、九〇年段階のスウェーデン、デンマークに、はるかにおよばない。リハビリテーションに欠くことのできない理学療法士や作業療法士に至っては、旧ゴールドプランには養成目標値すら記入されていなかった。新ゴールドプランでやっと、一万五〇〇〇人の目標値が定められたにすぎなかった。

全国的水準での人材の不足は、個々の自治体レベルともなれば、より深刻さを増すところが少なくない。自治体は、ホームヘルパー養成講座などを開催し、人材の育成に努めているが、高齢化率の高い弱小町村にとっては、それ自体難しいところも少なくない。まして、看護師、保健師、理学・作業療法士の養成ともなれば、多くの市町村にとってきわめて難しい課題である。市町村重視の原則とはいうが、こうした人材の養成に都道府県がより積極的役割を果たすことが要請され、都道府県の多くは公立の保健康福祉大学を設置し人材の養成にあたることになった。

ゴールドプランの一九九九年度末における実績は、表10-1にみるとおりである。政府は新ゴールドプランに引き続いて二〇〇〇年度に「ゴールドプラン21」をスタートさせた。そこでは二〇〇四年度末までにホームヘルパー三五万人、訪問看護ステーション九〇〇〇ヵ所を整備するとした。しかし、これはあくまで全国値である。これでもなお、地域のニーズに応えられないとの批判は、市町村の一部に根強い。

## ◆介護保険制度の導入

福祉八法の大改正からわずか四年後の一九九四年夏、厚生省は高齢者介護・自立支援システム研究会を設置し、当時ドイツで導入が決まっていた公的介護保険の日本への導入の検討を開始した。九〇年改正の背景に急速な高齢化への対応があったのはいうまでもない。それゆえに、すべての市町村に老人保健福祉計画の策定を義務づけ、生活の原点における地域福祉の確立を図ろうとしたのである。だが、市町村重視の原則にもとづく高齢者福祉を実現していくためには、それに見合う財源の保障を必要とする。九四年二月、当時の細川護熙首相は、唐突に「国民福祉税」構想を打ち上げ、消費税率を八％に引き上げた消費目的税を創設するとした。この首相のスタンドプレーともいうべき「深夜の増税」発表は、あえなく挫折する。市町村重視の原則を外形的に維持しつつ、新たな高齢者福祉システムを探ろうとしたのが右の研究会であった。

表 10-1　主要な高齢者保健福祉サービスの概要と目標量

| 事　業 | 事　業　概　要 | 目　標　値 | | | 実　績 |
|---|---|---|---|---|---|
| | | ゴールドプラン (1989年) | 老人保健福祉計画集計値 (1994年) | 新ゴールドプラン (1994年) | (1999年度末) |
| ホームヘルプサービス | 日常生活に支障のある高齢者がいる家庭を訪問して，介護・家事サービスを提供 | 10万人 | 16.8万人 | 17万人 | 17.6万人 |
| ショートステイ | ねたきり老人等の介護者に代わって，特別養護老人ホーム等で短期間，高齢者を預る | 5万床 | 6万人分 | 6万人分 | 57,085人分 |
| デイサービス／デイケア | 送迎用バス等でデイサービスセンターに通う高齢者に，入浴，食事，健康チェック，日常動作訓練等のサービスを提供<br>A型　重介護型<br>（標準利用人員15人/1日）<br>B型　基本形（同上）<br>C型　軽介護型（同上）<br>D型　小規模型<br>（標準利用人員8人/1日）<br>E型　痴呆性老人向け毎日通所型（同上） | 1万ヵ所 | 1.3万ヵ所 | 1.7万ヵ所 | 1.3万ヵ所 |
| 在宅介護支援センター | 身近なところで専門家による介護の相談・指導が受けられ，市町村の窓口に行かなくても必要なサービスが受けられるよう調整 | 1万ヵ所 | 0.8万ヵ所 | 1万ヵ所 | 6,648ヵ所 |
| 特別養護老人ホーム | 常時介護が必要で，家庭での生活が困難な高齢者のための福祉施設 | 24万床 | 29万人分 | 29万人分 | 29.7万人分 |
| 老人保健施設 | 入院治療は必要ではないが，家庭に復帰するために機能訓練や看護・介護が必要なねたきり老人等のための施設 | 28万床 | 25万人分 | 28万人分 | 23.0万人分 |
| ケアハウス | 車いすやホームヘルパー等を活用し，自立した生活を継続できるよう工夫された新しい軽費老人ホーム | 10万人分 | 8万人分 | 10万人分 | 44,176人分 |
| 高齢者生活福祉センター | 過疎地等の高齢者向けに，介護支援，安心できる住まい，地域住民との交流の機能を総合的に備えた小規模の複合施設 | 400ヵ所 | 400ヵ所 | 400ヵ所 | 266ヵ所 |
| 老人訪問看護ステーション | 在宅のねたきり老人等に対し，かかりつけの医師の指示に基づき，介護に重点を置いた看護サービスを提供 | — | — | 5,000ヵ所 | 4,470ヵ所 |

出典　厚生労働省老人保健局「高齢者保健福祉に係る基盤整備等の状況」(2001年).

高齢者介護・自立支援システム研究会は、九四年一二月に日本型介護保険構想をまとめた。そして、厚生相はこの報告書をもとにして介護保険制度の導入とそのあり方を老人保健審議会に諮問した。そこでの審議は、自治体、社会保険関係者、医師会などの利害が輻輳し迷走をきわめた。内閣が介護保険法案を国会に提出した後も、審議は紆余曲折をへた。ともあれ、同法案は九七年一二月に成立し、二〇〇〇年四月から施行されることになった。

介護保険制度の枠組みは、図10-1のとおりである。保険者（保険の運営主体）は市町村とされ、被保険者は四〇歳以上のすべての住民である。このうち六五歳以上が第一号被保険者、四〇歳から六四歳が第二号被保険者とされた。保険の受給権者は、基本的に第一号被保険者であって要介護認定を受けた者である。第二号被保険者については「加齢にともなって」生じる特定疾患（初老期認知症、脳血管障害等の老化に起因する疾病）によって要介護者ないし要支援者に認定された時とされている。

介護を要する被保険者かどうかの判定は、市町村の介護認定審査会の審査通知にもとづいて保険者である市町村が行う。要介護者へのサービス供給には、原則として現金給付は含まれない。施設サービスないし在宅サービスによる。施設サービスは介護老人施設（特別養護老人ホーム）、介護老人保健施設（老人保健施設）、介護療養型医療施設への入所によるサービスである。在宅サービスはホームヘルプ、訪問看護サービス、訪問リハビリテーション、デイケアセンターへの通所によるデイサービスやリハビリテーション、短期入所（ショートステイ）などのサービスである。

これらのサービスの受給には、要介護の程度（要支援、要介護Ⅰ～Ⅴ）に応じて、サービスごとの単

図 10-1　介護保険制度の仕組み

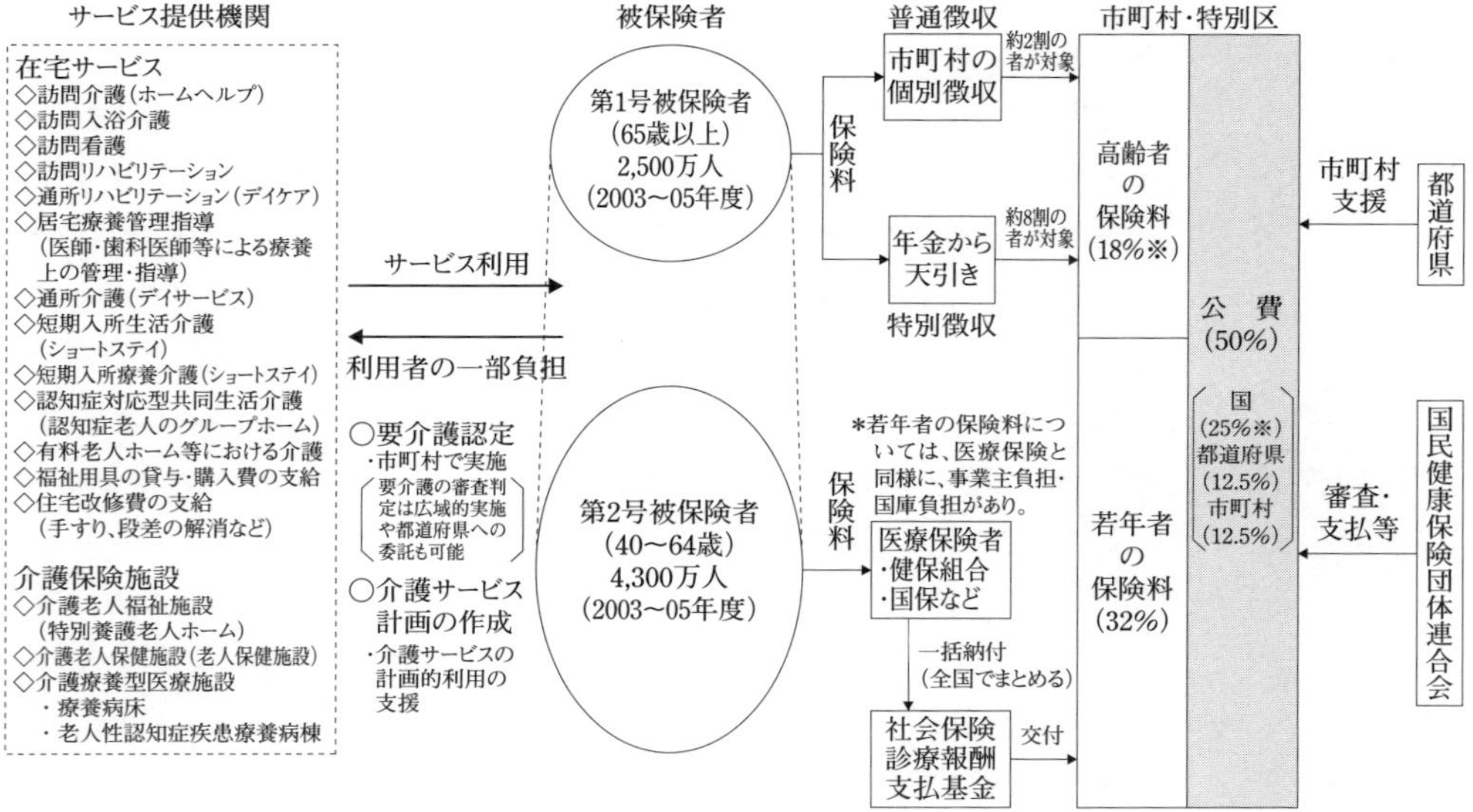


※　国の負担分のうち 5 % は調整交付金であり，75 歳以上の方の数や高齢者の方の所得の分布状況に応じて増減．
出典　厚生労働省編『厚生労働白書　平成 17 年版』(2005 年 8 月)．

価と保険からの支給限度額が政令で定められている。要介護認定された人々への介護プログラムは、ケアマネージャー（介護支援専門員）によって作られる。ケアマネージャーは行政職員に限られない。多くの場合、保険事業者として認定された民間企業や団体のスタッフである。

一方、保険料は被保険者のカテゴリーによって異なっている。第二号被保険者は所得段階別の定額保険料を支払う。第一号被保険者の保険料は、世帯単位ではなく個人に賦課される。また被保険者の居住する市町村ごとに保険料が異なる。保険料は年額一八万円以上の年金受給者については年金から天引きされる。また保険料は所得に応じて五段階に分かれている。

ところで、厚生労働省は、介護保険の利点を次のように述べてきた。第一に、従来の高齢者福祉は税を財源とした措置（行政処分）によっており、要介護者の権利を保障するものではない。措置から契約（保険）に切り替えることによって、サービスの選択が可能になるとともに権利性が保障される。第二に、強制的に徴収される保険料によってサービス水準への自覚が高まり、高齢者福祉の水準を高めることができる。第三に、市町村が保険者となることによって、地域に密着したきめ細かいサービスの提供が可能となる。

介護保険が導入された二〇〇〇年四月から四年後の二〇〇四年四月には、要介護認定者数は二一八万人から三八七万人に、在宅サービス利用者は九七万人から二三一万人に、施設サービス利用者は五二万人から七六万人に増加している。とりわけ在宅サービス利用者の増加率が高い。しかし、厚生労働省のいう介護保険の利点には、疑問が提示されている。保険によってサービス選択が可能となり要介護者の権利性が高まるというが、現実にはケアマネージャーによるケアプランの作成は、要介護者のニーズに的確に対応するよりはむしろ、家族の意向やケアマネージャーの所属する事業者の観点から行われているとの批判が絶えない。この点は厚生労働省も認めるところであり、ケアマネージャーの資質の向上が課題とされている。それ以上に、権利性の保障はケアマネージャーの作成するケアプランを審査する第三者機関が確立していないならば、実現をみるものではない。これは高齢者福祉の財源が税か保険か以前の課題なのである。第二に、市町村を保険者にすれば、地域密着のサービス提供が可能となるというが、実は市町村は「保険者」にすぎず、高齢者介護システムをコントロールする権限を有していない。市町村は介護事業者やそこで働くケアマネージャーなどの情報を住民に提供することが問われていよう。

## ◆介護保険の見直し

強制的な保険料徴収は、高齢者福祉への関心を高めるとされたが、第一号被保険者の先に述べたような保険料徴収方式に加えて要介護者の増加は、介護保険財政を圧迫する。介護保険法は附則で五年後の見直しを規定していたが、厚生労働省は二〇〇三年五月に社会保障審議会に介護保険部会を設置し、制度見直し作業に入った。

ここには多様な論点が含まれていたが、大きくいえば四点である。第一は、介護保険の第二号被保険者の年齢を二〇歳代にまで引き下げ、保険財政の安定を図ろうとすることである。第二に、この被保険者の年齢引き下げに合わせて介護保険に障害者福祉を全体として統合しようとするものである。第三点は、施設サービスの利用者負担を引き上げようとするものである。とりわけ居住費と食費（ホテル・コスト）を保険給付の対象外とすることである。第四点は、要支援、要介護Iおよび介護を要するようになる可能性の高い人々を対象とした新たな予防給付サービスを実施しようとするものである。

それぞれに合理的な要素が含まれていることも事実である。介護保険を高齢者介護に限定する理由はないに等しい。日本がモデルにしたというドイツの介護保険は、年齢に関係なくすべての障害をもつ人々を給付対象者としている。ホテル・コストも在宅サービスとの公平性が問われているともいえる。予防型のサービスは、介護保険財政へのプレッシャーを和らげるだけではなく、人々が地域で健やかに生活していくために不可欠である。しかし、こうした意義の裏面において、介護保険財政の「安定化」を指向した「負担増」の追求が色濃かったのも事実である。それゆえ、これらの見直し案には現実の条件や将来的可能性をめぐって議論が百出した。

結局、二〇〇五年の第一五九通常国会に提出された介護保険法の改正法案などでは、被保険者の年齢引き下げやすべての障害をもつ人々への適用は見送られた。その一方で、ホテル・コストの保険適用外と新しい予防型給付などが実現をみた。施設サービスの利用者負担は所得の段階によって四つに区分されているが、年金八〇万円超〜二六六万円の層（第三段階）で、従来利用者負担は月四万円（一割自己負担と食費）であったが、二〇〇五年一〇月からは五万五〇〇〇円となった。また、新予防給付としては、筋力トレーニング、栄養改善指導、口腔機能向上などのサービスメニューを整えるとしている。またこれに合わせて地域における総合的な介護サービスの展開のために、地域包括支援センターを設置す

図 10-2　支援費制度の基本的な仕組み

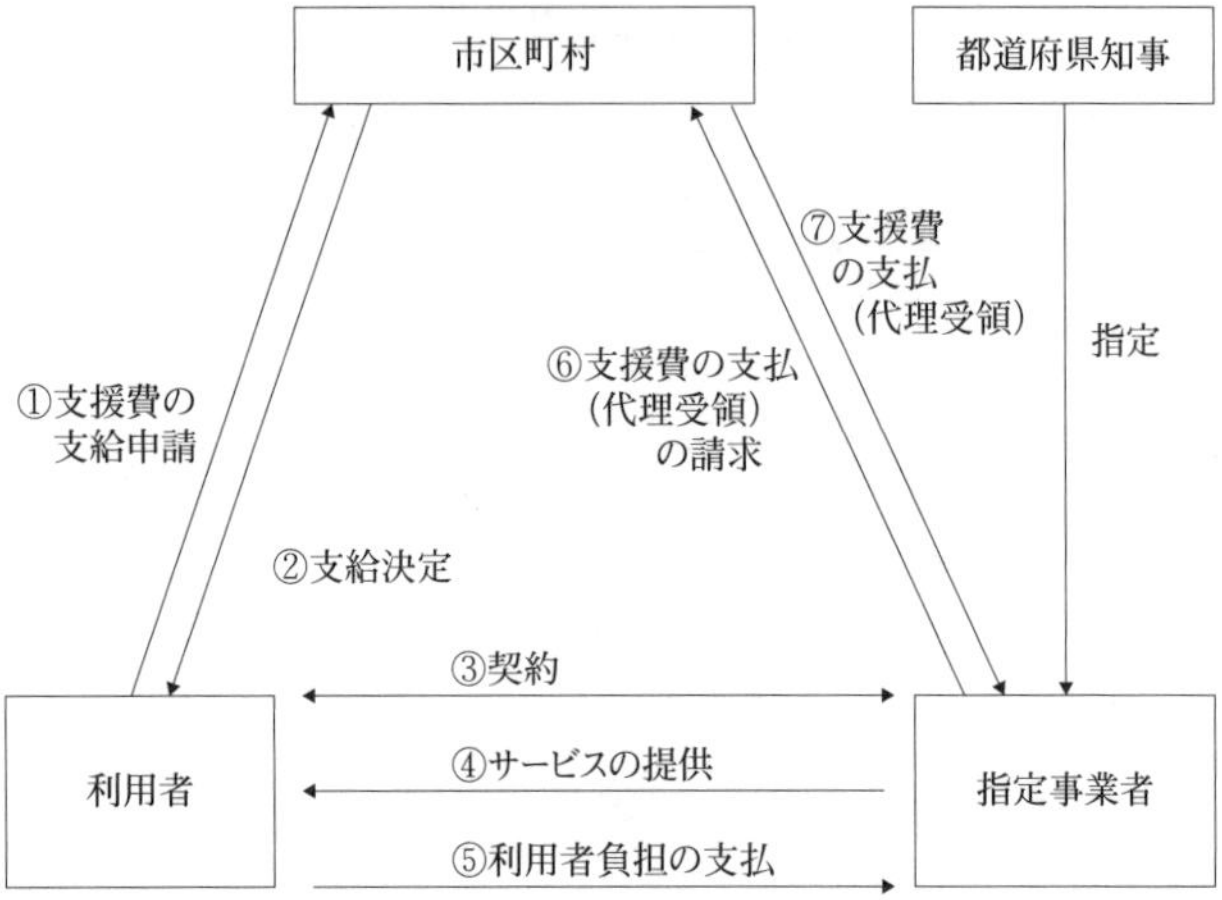


るとした。このセンターは自治体の直接部門に限られない。自治体が委託運営することも可能である。したがって、自治体行政による総合的なサービス事業者や内容のコントロールには、なお課題を残している。

介護保険の見直し論として浮上した被保険者の年齢引き下げは見送られたが、政府は二〇〇五年二月に、二〇〇九年度に障害者福祉への介護保険の適用拡大と被保険者の年齢引き下げを行うことを決定している。この意味では、介護保険財政のあり方は先送りされただけであり、財源構成をどのように考えるかは、依然として大きな政治課題である。

## ◆社会福祉基礎構造改革と障害者福祉

介護保険導入時に措置から契約による権利性の保障が論じられた。だが、身体、知的、精神障害者への福祉には措置制度が残された。厚生省は九〇年代末より「社会福祉基礎構造改革」を強調してきた。これは行

**表 10-2　支援費制度の対象となるサービス**

| | 区分 | 身体障害者福祉法 | 知的障害者福祉法 | 児童福祉法<br>(障害児関連のみ) |
|---|---|---|---|---|
| 支援費制度の対象サービス | 施設支援 | ・身体障害者更生施設<br>・身体障害者療護施設<br>・身体障害者授産施設<br>(定員 20 人以下の小規模授産施設を除く) | ・知的障害者更生施設<br>・知的障害者授産施設<br>(定員 20 人以下の小規模授産施設を除く)<br>・知的障害者通勤寮<br>・心身障害者福祉協会が設置する福祉施設<br>(国立コロニー) | 対象とならない.<br>今までと同じ「措置」による利用. |
| | 居宅支援 | ・身体障害者居宅介護等事業<br>(ホームヘルプ)<br>・身体障害者デイサービス事業<br>・身体障害者短期入所事業<br>(ショートステイ) | ・知的障害者居宅介護等事業<br>(ホームヘルプ)<br>・知的障害者デイサービス事業<br>・知的障害者短期入所事業<br>(ショートステイ)<br>・知的障害者地域生活援助事業<br>(グループホーム) | ・児童居宅介護等事業<br>(ホームヘルプ)<br>・児童デイサービス事業<br>・児童短期入所事業<br>(ショートステイ) |

政によるニーズの選定と対象者の厳格な認定をなくし、ニーズをもつ人々が普遍的にサービスを受けられる状況を作り出すことであると説明された。とはいえ、この裏面ではすでに高齢者介護にみるように、民間事業者の参入をうながし、福祉市場を作ることが意図されていたといってよい。

日本の障害者数は、身体障害者三五一万六〇〇〇人、知的障害者四五万九〇〇〇人、精神障害者二五八万四〇〇〇人とされている（二〇〇三年）。これらの障害者の重度化と高齢化が進んでもいる。政府は二〇〇〇年に障害者福祉関係の法律を改正し、行政庁の権限による措置制度を廃止し、障害者の自己決定、自己選択を保障するために支援費制度を導入するとした。二〇〇三年度から支援費制度（図10-2）が作られ、障害をもつ人々が自らサービスを選択し、事業者と対等な立場で契約しサービスを利用することができるとされた（支援費の対象は表10-2）。たしかに、支援費制度によって新たな利用者が急増したが、一方においてサービス費用も増大し、自治体からは支援費予算の過少さが問題視されている。また地域によりサービス供給体制にばらつきがあり、制度そのものの利用が困難であるところも少なくない。また、精神障害については支援費の対象となっていない。いかにも急ごしらえの制度であることをうかがわせる。

政府は先に触れたように介護保険の見直しによって、障害者福祉を全体として介護保険に統合することを試みた。だが、被保険者の年齢引き下げに合意が得られずに挫折した。そこで、身体、知的、精神障害者を対象とする障害者自立支援法案を作成し、二〇〇五年の通常国会に提出したが、衆議院解散によって廃案となった。だが、衆議院議員総選挙後の特別国会において成立し二〇〇六年度から施行される。この法律では市町村を支給決定権者と位置付けるとともに、給付決定をする際には障害のタイプや程度に応じてサービスの量を定めることとされた。サービス供給の単価は政令によるが、利用者には一割の自己負担がともなう。また国は市町村の支弁する費用の五割を負担するとされている。今後、障害者自立支援法が障害者福祉の発展に向けて機能するかどうかは定かでない。ホームヘルパーをはじめとした事業展開の基礎条件の未整備、市町村財政の逼迫化、障害者の収入状況と自己負担額との整合性などの多くの課題を残しており、「ともに生きる」まちづくりへの展望は、けっして明るいとはいえない。

# 11 生涯学習と社会教育

## 主体的市民の形成

民主主義は、市民が主体的政治参加によって、自ら社会の秩序を創り出す政治のシステムにほかならない。したがって、民主主義を担う市民は自律的に秩序を創る能力、言い換えれば、自治の能力を備えていることが必要である。こうした自治の能力は、生来人間に備わっているわけではないから、われわれがそれを獲得するためには、何らかの訓練が必要であろう。社会の構成員が、その社会で一般的に行われている政治的価値観や態度を学習し、それに同化していく過程を政治的社会化とよぶが、自治能力の獲得は、民主主義社会における政治的社会化の最も重要な階梯ということもできよう。

自治能力の獲得をめざす訓練はいかにして達成されるであろうか。それは広い意味での教育のなかで達成されるとすれば、家庭教育、地域教育、学校教育などが、それぞれの特性に応じて、市民の形成に関与することになるはずである。しかし、日本の場合、教育全体のなかで学校教育の占める比重はきわめて高い。少なくとも未成年者にたいする教育についてみれば、家庭や地域での教育はますます重要性を失いつつあり、学校教育一本に収斂する傾向さえみられる。こうした傾向のもとでは、自治能力の訓練もまた学校教育に期待されざるを得ないが、現実の学校教育がその期待に応えているとはいえないであろう。未成年者を対象とする小中高校では、生徒の自主性や自律性を育てようとするよりは、むしろ規則や命令を遵守させることが強調されがちである。学生の多くがすでに成人である大学は、学生の自治能力を高める可能性をもつが、実際には学生の関心の多様化によって、それがたんなる可能性にとどまっていることも少なくない。

このように、民主主義社会に必要な政治的社会化を達成するうえで、学校というシステムが充分な機能を果たしていないとすれば、そのシステムの外に自治能力の獲得を可能にするような場を設ける必要があろう。社会教育はこうした場の一つといってよい。一般に社会教育とは、学校以外の場において組織的に行われる教育・学習・文化・スポーツなどの諸活動をいう。一九四九年に制定された社会教育法によると、それは「すべての国民が……自ら実際生活に即する文化的教養を高め」る営みであり、そのための環境を醸成するのは、国および地方公共団体の任務とされている（第三条）。それは国民の自主的な活動であって「国及び地方公共団体は、社会教育関係団体に対し、いかなる方法によっても、不当に統制的支配を及ぼし、又はその事業に干渉を加えてはならない」と定められている（同第一二条）。社会教育は市民が自主的に行う学習や文化活動全般を指すのであって、自治能力の訓練だけに限定されないが、主体的市民の形成が社会教育の重要な構成要素であることは明らかであろう。

## ◆社会教育と公民館

社会教育という概念は、日本独自のものであって、諸外国では成人教育あるいは民主教育の概念が用いられるのが普通である。その背景には、国家による教化に抗して成人や勤労青年が自由で自主的な自己教育活動を進めてきた伝統がある。日本の場合、敗戦までは、成人や青年にたいする教育は、もっぱら国家による国民教化の一環として行われ、自由で自主的な学習活動は、多くの場合、治安維持法などにより弾圧された。国家の教化から独立した社会の自主的な営みとしての社会教育が始まるのは、敗戦後のことである。

今日の社会教育活動は、施設による事業、団体による活動、学校教育機関の開放の三つに大別される。施設によるものとしては、公民館、図書館などを利用して、各種講座の開設、図書や資料などの利用、各種研究集会と文化的行事の開催、さらにグループ活動の相談と助言などが行われている。団体による活動は最も広くみられる活動で、女性団体、青年団、子ども会、文化団体、スポーツ団体などが、公民館その他の施設・設備を利用して自主的な活動を展開している。学校教育機関の開放は、諸外国では大学の地域社会への開放といったかたちで広範にみられるのにたいして、日本では緒についたばかりである。

こうした社会教育活動を支える施設として、とくに重要な役割を付与されてきたのが公民館である。公民館は地域住民の文化活動を支えるための社会教育センターであり、一九四六年の文部事務次官通達によって全国的に設置されることになった。最初は文化施設の乏しい市町村に設置され、地域社会の前近代的な遺制を打破し民主化を促進する運動や産業指導の拠点になった。社会教育法には「公民館は、市町村その他一定区域内の住民のために、実際生活に即する教育、学校及び文化に関する各種の事業を行い、もって住民の教養の向上、健康の増進、情操の純化を図り、生活文化の振興、社会福祉の増進に寄与することを目的とする」とされている（第二〇条）。その後公民館は、五九年の「公民館の設置及び運営に関する基準」により、小学校または中学校の通学区域を考慮して設置されることになった。二〇〇二年現在で公民館の総数は、一万七九四七カ所に達している。

## ◆社会教育終焉論

社会教育が成人教育と同義であるとすれば、それは成人の自己教育というかたちをとらざるを得ないであろう。教育という概念は「教え育てる」という意味であり、教師が未成年者を教え導くのが、その最も普通のかたちである。成人を対象としても、技術指導や職業訓練はありうるであろうが、それは教え育てるという意味での教育ではない。あえて教育という概念を用いるとすれば、成人の場合は、自己教育あるいは成人間での相互教育ということになるであろう。ただ、社会教育法にいう社会教育の場合には、国あるいは自治体に後見的役割が期待されており、文字通りの自己教育ないし相互教育が想定されてはいない。自治能力の獲得という観点に立てば、市民が未成熟の間は社会教育が意味をもつとしても、市民が成熟して自律性を獲得するようになると、社会教育自体が不必要になってくる。言い換えれば、社会教育はその目的を達成すれば、不用になるという逆説を内包している。

こうした社会教育の内包する矛盾に着目して、市民の成熟が進行している現在、社会教育はすでにその存在理由を失っているとするのが、松下圭一氏の『社会教育の終焉［新版］』（公人の友社、二〇〇三年）である。松下氏が社会教育終焉の要因として挙げるのは、次の各項目である。

課題喪失
1 民主主義啓蒙の終り
2 生活改善指導の終り
条件喪失
1 高学歴化の進行
2 マスコミ・文化産業の過熱
社会教育行政の矛盾
1 市民参加システムの形成
2 講座担当講師層の流失
3 指導・援助の破綻
自治体機構の変化
1 教育委員会の学校教育中心性
2 首長部局における文化室の設置
3 自治体計画の総合性
4 職業訓練・企業研修の自立
5 生涯教育施策との内部対立
6 専門技法の脆弱性
行政全般との緊張
1 コミュニティ・センターとの競争
2 行政全体の講座型施策への進出
3 文化戦略の展開
4 情報機能の喪失

（同書、二二九―二三一頁）

まず、社会教育の課題についてみると、敗戦後の日本で社会教育に課せられていた二大目標は、民主主義啓蒙と生活改善指導であった。しかし、民主化の進行とともに、民主主義啓蒙は市民運動の担うところとなり、工業化の進行とともに、生活改善指導は消費革命にとって代わられたのである（同書、九八頁）。この課題喪失に条件喪失が重なる。高校への進学率が九五％に近づき大学への進学率が三五％を超え、しかも職業訓練、企業研修が複雑化し自立化している現在、「青年という社会教育行政の伝統対象は流失する」（同書、一〇三頁）。また、マスコミとくにテレビの普及によって、人々は随時教養番組に接することができるし、カルチャーセンターなどの文化産業が、多くの学習の機会を提供していることも見逃せない。

こうした環境の変化にともなって、社会教育行政にもさまざまな矛盾が現れてくる。市民参加のシステムが形成されるとともに、公民館の事業に関しても参加の要求が強まるであろう。しかし、集会施設として市民による運営・管理の容易なコミュニティ・センターと異なり、事業施設として専門職員によって運営・管理される公民館は、市民参加になじみにくい（同書、一三〇頁）。また、あらゆる領域で模範解答がなくなった現在では、講師として誰を選ぶかという問題も無視できなくなる（同書、九二頁）。社会教育における指導・援助は、もともと社会教育の自主性と矛盾するが、市民の成熟が進むとともに、この矛盾はいっそう拡大するであろう。さらに、自治体が生涯教育あるいは生涯学習のための施策に乗り出せば、社会教育と生涯教育との間の内部対立も生ずるし、市民の文化活動が多様化・高度化している現状では、社会教育の専門技法自体が現実に適合しなくなっているというべきであろう。

また、社会教育行政と行政全般との緊張関係も強くなっている。コミュニティ・センターは公民館と対抗関係にあるし、行政の他の部局も講座型の施策を手がけるようになっている（同書、一〇六頁）。社会教育よりも広い観点から文化戦略を展開する自治体も少なくない。学習には情報が必要であるが、自治体の政策情報の整理・公開には、むしろ全庁的態勢が不可欠である（同書、一七〇頁）。自治体機構の変化も社会教育の再検討を求めている。学校教育偏重の教育委員会は、新たな文化戦略を展開する機関としては不適当であり、実際、文化室といった新しい機関を設置する自治体も少なくない。それは、また文化戦略を自治体の総合計画のなかに位置づける必要とも見あっているといえよう。要するに、都市型社会の成熟にともなう環境の変化が、「社会教育の終焉」をもたらしたとされているのである。

## ◆生涯学習社会への移行

「社会教育の終焉」につながる最大の要因の一つは、生涯学習への関心が高まったことである。生涯学習と生涯教育とはしばしば互換的に用いられているが、本来は別の概念であろう。生涯学習が自主的自発的に行われる学習であるのにたいして、生涯教育は一定の方向づけをもった指導のもとで行われる学習である。いずれをとるかは各人の価値観によるが、成人の自己教育という側面を重視すれば、生涯学習の方が適切だと考えられる。ともあれ、この生涯教育という理念をはじめて提起したのは、ユネスコの成人教育関係者であり、とくにユーゴスラビアのデレオンとフランスのラングマンであった。さらに、生涯教育を構想の段階から実践の段階へ移行させるのに貢献したのは、ラングマンの後を継いでユネスコの生涯教育担当部長になったジェルピであった。ラングマンやジェルピの思想は、早い時期から日本にも摂取されていたが、生涯学習が具体的な政策課題として浮上してきたのは、一九八〇年代に入ってからであったといってよい。

日本で生涯学習への関心が高まった背景には、次のような要因を指摘することができる。第一に、高齢化社会への移行である。平均寿命の飛躍的延長により、中高年層の再就職の問題や老後の自由時間の利用問題が起こった。その対策案の一つが生涯学習だといえよう。第二に、生産・所得の増大と、それにともなう生活水準の上昇である。生活水準の上昇は、学習や文化活動に参加する経済的余裕と自由時間を生み出し、生涯学習実現に必要な基盤を整備している。第三に、技術革新や産業構造の変換にともなって、職業面でも再教育・再学習の必要が高くなっていることである。これは、産業界の側からみた生涯学習の促進要因ということもできよう。

一九八六年の臨時教育審議会の第二次答申に盛り込まれた「生涯学習体系への移行」は、こうした産業界の要求に応えようとするものであった。技術革新や産業構造の変化の速度が大きいために、今日の学校教育は変化に追いつくことができないでいる。したがって、むしろ学校教育の限界を明らかにして、そこで提供できない部分は生涯学習において習得することをめざすというのが、産業界の意向だと思われる。この提言は、学校教育をも生涯学習体系の一部としてとらえ直そうとする野心的な試みでもあるといってよい。そこには、次のような具体的提言が含まれている。

①学校教育の役割の限界を明確化し、家庭や地域の教育力の回復と活性化を図る。

②社会教育行政については、生涯学習体系への移行という観点から、新しい時代の状況に対応するよ

う、社会教育に関連する法令を含め総合的に見直す。

③生涯学習関係の事業について、民間の活力の活用を図るとともに、生涯学習に関する施策が効果的に行われるよう、各種施策の調整・連携を強める。

## ◆社会教育の再評価

こうした答申を受けた文部省（現文部科学省）は、一九八八年に社会教育局を廃止し生涯学習局を新設した。さらに八九年に発足した中央教育審議会に生涯学習体系の整備に関して審議を求めるなど、積極的な姿勢を示してきた。八五年に最初の学生を募集した放送大学も、設置の意図は大学教育を受ける機会のなかった人々に高等教育の機会を提供することにあったが、現実にはやがて多様な年齢層の成人を対象とする生涯学習機関に変容した。文部省が放送大学を大学学術局の管轄から生涯学習局の管轄に移したことも、こうした変化を追認したものといえよう。ともあれ、日本もまた生涯学習社会に移行しつつあることは疑いない。

ただ、ユネスコで論議された生涯教育論の根底には、高度情報化社会における民主主義の危機を回避するために、市民を再武装しようとする意図がうかがわれたが、日本の生涯学習構想では、産業界の要望に応えて社会環境の変化にたいする再適応を図るという側面だけが強調され、民主主義を担う市民の育成という側面はきわめて弱い。今日、社会教育から生涯学習への移行が支配的になりつつあるにもかかわらず、なお社会教育を一概に過去のものと断ずることができないのは、何よりもこうした背景があるからである。

たしかに、自治体でも生涯学習に力を入れ始めたところが少なくない。民間の文化産業も生涯学習熱の高まりに応えて、さまざまな企画を立てている。しかし、その多くは人々の趣味と実益を満たそうとするもので、市民としての自治能力の向上に役立つようなものはきわめて少ない。その意味で、これまで社会教育が果たしてきた民主主義的啓蒙の機能は、依然として有用性をもっているのである。ただ社会教育には、上からの指導によって自発的で自主的な市民を作り出そうとする矛盾がある。この矛盾は市民の成熟が進めば進むほど深刻になるに違いない。それを回避するためには、社会教育における上からの指導の要素を極小化すること、すなわち市民の参加を重視することが必要であろう。たとえば、成人講座を設けるなら、その企画の段階から受講者の積極的参加を求めることが大切である。要するに、社会教育においても、政治的成熟は政治参加を通じてのみ獲得されるといわねばならない。

### ◆生涯学習から文化活動へ

市民の自治能力を高める課題を社会教育に期待するとすれば、生涯学習の主な内容は、楽しみをともなう趣味的な活動ということになる。こうした活動の質を高めていけば、やがてそれは創造的な文化活動のレベルに到達するであろう。一九八〇年代より多くの自治体で文化行政への関心が高まり、文化ホールや音楽ホールの建設、市民文化団体への助成などが重視されるようになっている。文化行政には多くの困難がともなっているが、最大の困難は、文化行政の成果をいかなる尺度によって測るかであろう。

文化とは本来多義的な存在であるが、大衆文化の発展は文化の多様化をいっそう促進してきた。このように多様性をもつ文化活動の成果を文化行政の施策に関連づけて評価することは、必ずしも容易ではない。

文化行政はその成果の測定が困難であるために、可視的な成果が得られる「ハコモノ」行政になりやすいといえよう。しかし、文化ホールや音楽ホールができても、それだけで市民の文化活動が活発になるわけではない。むしろ、高級な設備が整備されればされるほど、現実の文化活動はそれに追いつかなくなる。その意味で、文化行政が「ハコモノ」を造る場合にも、これからは発想の転換が要求されよう。すなわち、演劇や音楽といった分野だけに限定せずに、美術や歴史や科学にも目を向けることである。具体的にいえば、歴史博物館、科学博物館、美術館、動物園などの充実を図ることである。

こうした博物館や美術館に関しては、いくつかの問題点がある。第一に、日本では、美術館は例外として、博物館や動物園に関しては、子どもが勉強のために訪れるところという抜きがたい先入見がある。科学博物館については、わざわざ「子ども科学館」と命名しているところさえある。しかし、その内容は決して子ども向けではなく、大人の鑑賞に充分堪えうるものなのである。市立の博物館や動物園が学校教育と結びつきやすいのは、それらが教育委員会の管轄下におかれていることと無関係ではない。そこで、こうした文化施設の管理運営に関しては、首長部局に移すことも検討課題の一つになりうるであろう。実際にも、出雲市は類似の生涯学習プログラムが市長部局でも実施されていることを踏まえて、二〇〇二年度に教育委員会の生涯学習部局を市長部局に移し、他のプログラムとの統合を図った。

第二に、これらの文化施設の創設や維持には多額の資金が必要とされ、自治体の財政が逼迫している現状では、必要な資金の調達には大きな困難がともなう。そこで考えるべきことの一つは、薄く広く頒布されている各種スポーツ団体や文化団体への補助金を廃止することであろう。文化活動が多様化する都市型社会では、団体数が急激に増大するため、一団体当たりの補助金の額は少額となり実質的な意味を失いがちだからである。他の一つは、ボランティアの活用である。アメリカの博物館や美術館の場合、市民の無償のボランティアによって支えられている部分はきわめて大きい。日本の場合、博物館や美術館の運営にボランティアを参加させることは未開拓の領域である。こうしたボランティアの活動はそれ自体が文化活動としての意味をもつものであり、今後の検討に値する分野といってよい。

# 12 情報公開とプライバシーの保護

## 情報公開の意義

情報公開と民主政治とは、本来きわめて密接に関連している。むしろ、この二つは同一の事柄を指しているというべきかもしれない。たとえば、民主政治の原点とされている古代ギリシアのポリスや、植民地時代アメリカのタウン・ミーティングでは、政策の決定は、すべて公開の場において全員参加のもとに行われたのであり、そこでは少数者が多数派の意思を無視して決定を下したり、情報を秘匿したりする可能性は全くなかった。公開性（publicity）は公共性（the public）の不可欠の契機であり、少なくとも公開性をもたぬ事柄が公共の問題とされることはなかったといえよう。

では、公共性ないし公開性とはそもそも何を意味するのであろうか。現代第一級の哲学者ハナ・アレントによれば、「まず第一に、公共性は公的領域において現れるあらゆるものが、あらゆる人々に見られ、かつ聞かれうること、可能な限り広い公開性をもつことを意味する」とされている。言い換えれば、あるものが公共性をもつとは、それが公開性をもつことであり、公開性をもつとは、それが見られ、聞かれ、かつ評価される存在であることを意味する。それは逆にいえば、人々が見る、聞く、評価するなどの主体的行動を通じて、ものごとの意味や価値を問いうることを前提にしている。すなわち公開性とは、ものごとの意味や価値が万人の自発的参加を通じて判断されるのを認めることにほかならない。

このように、公開が参加という契機を含むものであるとすれば、政府が一方的に行う情報公開は、公共性と結びついた公開性をもつとはいえないであろう。たとえば、公示、閲覧といった制度や白書の公表なども情報公開の重要な一環にほかならないとする見解があるが、公示、閲覧、白書などの方式は、いずれも政府が政府自身の必要に応じて、政府独自の判断で情報を一方的に公開するものであり、決して民主的な情報公開制とはいえないのである。民主的な情報公開においては、市民の自発的な参加と自主的な判断とが保障されていなければならない。言い換えれば、いかなる情報が必要であるかを判断するのは市民自身であり、その情報にもとづいて何らかの判断を下すのも市民自身なのである。これは、政府に情報を操作させる余地を与えずに、市民自身が公開された情報から適切な判断を引き出すことを意味している。

## ◆現代政治と公開性

情報公開を含めて、政治にたいする公開の要求は、直接民主制のもとでは存在しなかったであろう。そこでは、原則的にはすべての個人の参加をもとに政策が決定されたのであり、政策の決定自体が公開されていた。情報を秘匿しても、それによって有利になる人がいなければ、情報を秘匿すること自体が無意味である。要するに、リーダーとフォロアー、あるいは治者と被治者の分化がなければ、情報公開の必要性も起こらないといってよい。しかし現実の政治においては、こうした分化は必至である。先に述べた古代ギリシアのポリスや植民地時代アメリカのタウン・ミーティングは、直接民主制にきわめて近い制度がとられていた稀な場合であった。そこでは、公開性がそのまま公共性を保障していたのである。われわれが住んでいる現代の社会では、リーダーとフォロアーの分化は常態である。政策の決定は少数者の手に委ねられている。たとえ民主化が高度に進んでいる場合でも、こうした分化がみられることに変わりはないはずである。

ただ、リーダーとフォロアーの分化が起こっても、公共性と公開性のつながりを保つことは当然とされてきた。現代の政治では、一般に公共性は明確な基準ではない。それはほとんどの場合、政策決定者が公共性をもつと判断したことを意味しているにすぎないであろう。それでも、公共性をもつ問題の決定は、公開の場で行われなければならないとされてきた。現代の政治では、最も公共性の高い事柄は法によって規定されている。その法の制定は立法部としての議会によって行われるが、この議会における議事は公開されるのが原則である。法の侵犯を裁いたり、紛争を法によって解決することも高い公共性をもっている。それゆえ、司法部すなわち裁判所の審理も公開されるのが原則である。要するに近代国家においても、立法部と司法部に関しては、公開性が保障されてきたのであり、それによって公共性が単なるフィクションに転化するのを防いできたといってよい。ただ、こうした原則が必ずしも充分に適用されなかったのが行政部であり、そのため行政部の政治的比重が高まるとともに、情報公開の必要性も高まることになったのである。

### ◆行政部と情報公開

行政部に関しては、もともと公開性は要求されなかった。その理由の一つは、立法部と司法部とに関して公開性が確保されているならば、行政部は非公開であっても、政治の公開性あるいは公共性は確保されうると考えられていたことであろう。立法国家時代には、政治は主として立法部の機能であり、行政部は非政治的な執行の役割を果たすとされていた。もう一つの理由は、行政部の果たすべき役割のなかには、たとえば外交のように、公開性の要求を本来的に受け入れにくいものが含まれていることである。現実に政府が国家機密とみなしている事柄が、すべて公開の要求を受け入れ難いか否かには疑問の余地があるとしても、少なくとも外交や軍事には機密とすべき事項があることも否定できない。

こうした理由から行政部に関しては、公開性の原則が適用されなかったといえるが、二〇世紀に入るとともに、新たな状況が生まれ、行政部と公開性との間にも新たな問題が生ずることとなった。すなわち、いわゆる政治化の傾向が強まり、政治の量的拡大と質的専門化が進むとともに、立法部の政治的比重が低下し、逆に行政部は政治的にも重要な機能を営むことになった。一般に、こうした変化は立法国家から行政国家への転換とよばれている。行政国家の出現によって、行政部の民主的統制が決定的に重要な課題になったが、情報の公開もまたこうした課題の一環を成すものである。しかし、行政機構内に発展する官僚制は、公開の要求にたいして強く反発する傾向をもつ。ドイツの社会学者マックス・ウェーバーは、この点について次のように述べている。

「官僚制的行政は、その傾向からいえば、常に公開性を排斥する行政である。官僚はできさえすれば、彼らの知識や行動を批判の目から隠蔽しようとする。……『職務上の機密』という概念は特殊官僚制的な発明物であり、正にこの態度ほど官僚によって熱狂的に擁護されているものはない。官僚が議会に対立するときは、彼らは確実な勢力本能から、その固有の手段（例えばいわゆる「国政調査権」）によって利害関係者から専門知識を獲得しようとする議会の一切の企てに対して、反対闘争をおこなう」（M・ウェーバー『支配の社会学』I、世良晃志郎訳、創文社、一九六〇年、一二三頁）。

行政部は、情報の収集においても、きわめて有利な位置にある。情報の種類によっては、行政部が独占的に収集しているものも少なくない。現代の政治においては、情報はそれ自体、権力を保持しあるいは権力を強化するための武器である。権力を支えるために用いられるさまざまな手段は、しばしば権力の資源とよばれるが、情報はきわめて重要な権力の資源である。今日、各国の行政部がもつ強大な権力は、その情報収集能力によって支えられるところ大であるといってよい。権力の資源としてみた場合、情報は公開されずに秘匿されている方が有効であろう。行政部がしばしば情報の公開に強く反発するのは、それが行政部の権力の基盤を突き崩す恐れがあるからにほかならない。したがって、情報公開の要求は、単に知る権利の行使であるにとどまらず、行政部の民主的統制の試みでもある。行政部の民主的統制は、現代政治にとって最大の課題の一つである。その意味で、情報公開の問題は、政治的にも重要な意味をもつものといわなければならない。

## ◆情報公開と地方自治

今日、世界で情報公開法をもっている国は、スウェーデン、アメリカをはじめとして一四ヵ国ある。後にも述べるが、日本での情報公開法の制定運動は一九七〇年代の後半に始まった。そして一九九九年の第一四五通常国会でようやく制定をみた。

ただ、自治体のレベルでは、国よりも進んだ展開がみられた。一九九五年四月一日現在で二八四自治体（四五都道府県、二三九市町村）が情報公開条例または要綱を制定していた。このように、情報公開について自治体が中央政府とは異なった取り扱い方をしたのは、以下のような理由によるであろう。

第一に、自治体の場合には、中央政府とは違って外交や防衛に関する機密事項がないことが挙げられる。中央政府が情報公開に踏みきる場合には、国家機密について何らかの配慮をめぐらすことになるが、自治体においてはその必要がない。逆にいえば、自治体は国家機密の保持に類した理由で情報公開を拒否することはできないともいえる。

第二に、国の政府が議院内閣制であるのにたいして、自治体の政府は首長公選制をとっていることが挙げられよう。議院内閣制においては、議会内の多数派が首相を選出し、内閣を構成する。立法部と行政部とは多数党である与党によって結合されているのが常態である。したがって、議会が行政部を統制しようとする志向性は必ずしも強くない。これにたいして、首長公選制の場合には、議会と首長とはそれぞれ別の選挙によって選出されるので、有権者の支持基盤を異にしている。そのため、議会はしばしば首長にたいする強い対抗意識をもつ。首長公選制の一形態であるアメリカの大統領制において、議会が大統領に強い対抗意識をもっていることが、行政部にたいする有効な統制を可能にしていることは改めて指摘するまでもないであろう。情報公開も行政部統制の一手段である以上、首長公選制のもとでより有効に働くといってよい。

第三に、首長が直接公選されることは、自治体に関する限り、政権交代の可能性があることを意味する。中央政府が保守政党によって半恒久的に独占されていることは、情報公開にとって不利な条件といえるが、自治体に政権交代の可能性があることは、自治体の行政担当者が秘密主義をとりにくいという意味で、情報公開に有利に働くであろう。いずれにしても、自治体には中央政府よりも情報公開の制度化に有利な条件が存在するといってよい。

## ◆先鞭をつけた自治体の情報公開制度

一九八二年三月に山形県金山町で全国初の情報公開条例が制定され、同年一〇月には、都道府県初の条例が神奈川県で制定された。二〇〇五年四月一日現在、全都道府県が情報公開を制度化しており、二四一八の市区町村のうち二三三三の自治体が情報公開条例を制定している。情報公開条例は、市民に情報公開請求の権利があり、行政機関にはその請求に応える義務があることを法的に定めたものである。では、情報公開制は具体的にいかなるかたちで運用されているのであろうか。最も先進的な自治体の一つである川崎市についてみることにしよう。

川崎市の情報公開条例は、川崎市公文書館条例とともに、一九八四年三月に市議会で可決され、同年一〇月から施行された。同条例によると、だれでも市のすべての機関（市議会を含む）が管理する公文書の閲覧および写しの交付を請求できる。情報の開示および提供を円滑に推進するために、公文書館が設けられており、請求者は公文書館の窓口を通じて情報の公開を求めることができる。情報公開の本旨にもとづいて、市に関する情報は公開を原則とするが、以下の情報は非公開とすることができる。すなわち公開すると、①個人生活事項について特定の個人が識別される情報、②法人などの活動利益を害することが明らかである情報、③市政の適正・公正な執行が妨げられ、結果的に市民全体の利益が損なわれることになる情報、および④法令の規定にもとづき公開できない情報を含む公文書は、原則として非公開とされる。

情報公開の請求が提出されると、市は一五日以内に、請求された公文書の全部または一部だけ公開できるかどうかを決定し、請求者に通知しなければならない。公文書の公開拒否の決定に不服がある場合は、市に不服申立てができ、この申立てに応じて、有識者から成る公文書公開審査会が公平な審査を行うこととされている。このほかに、公文書公開制度の適正な運営を図るため、市民と学識経験者から成る公文書公開運営審議会が設置されており、制度の重要事項について調査、審議している。また、市は毎年条例の運営状況について議会に報告し、これを公表することを義務づけられている。

各自治体で設けられている情報公開制度は、細部では自治体ごとに少しずつ異なっている。主な相違点を挙げると、第一に、情報公開の目的として市民の「知る権利」を明記するかどうかである。これは一見ささいなことのように見えるが、「知る権利」なる権利の定立を法的に宣言するかどうかは、情報公開の対象機関や内容にかかわるとともに、不服審査や裁判の行方に大きく影響するといえる。第二に、情報公開の対象となる機関をどこまでとするか、とくに議会を含めるかどうかで違いが生まれる。また都道府県の情報公開条例の場合には、行政委員会とりわけ公安委員会を対象機関とするかどうかである。第三に、請求権者をどの範囲にするかで、川崎市のようにだれでもよいとするか、自治体内の住民ないし法人に限るか、あるいは自治体と何らかの関係をもつ人に限るか、といった違いが生ずる。第四に、対象となる情報をどの範囲にするか、文書だけか磁気テープも含めるか、決裁済みの文書だけか未決裁の書類も含めるかでも分かれている。最後に、公開の例外事由として何を挙げるかでも違いがみられる。しかし、制度全体としてみれば、情報公開制としての共通性の方が大きいといえよう。

ところで、一九九九年に制定された情報公開法（二〇〇一年四月施行）は、先行した自治体の情報公開条例に改めて大きな影響を与えた。情報公開法は「知る権利」を明記するものではなかったが、情報公開の請求権者を日本国民（法人を含む）に限定せず、世界中のだれでもが請求できるとした。また適用除外事項の規定は詳細をきわめるものの、対象となる情報には未決済の書類や行政官による審議途中の文書も含めた。さらに、国家公安委員会も対象機関に加えた。情報公開法には先行した情報公開条例よりも進んだ一面があった。この結果、未制定であった自治体に情報公開条例の制定をうながすとともに、既存の条例の改正作業が各地の自治体で行われた。とりわけ、請求権者を「何人も」とする改正と都道府県条例の対象機関に公安委員会を加える改正がみられた。

なお、情報公開の請求が拒否された場合の救済機関には、条例に定める審査会のほか司法裁判所があり、請求者は行政事件訴訟法にもとづいて、行政機関の処分の取消を求める裁判を起こすことができる。実際、裁判所で争われるケースも着実に増えており、それによって、情報公開制はどの範囲まで適用されうるかが具体的に定まってきたといってよいであろう。

しかし、なによりも問われるのは、情報公開条例の運用についての首長の姿勢であるといってよい。この点でおそらく最も先進的取り組みを行っているのは、片山善博知事のもとの鳥取県政であるといってよい。一九九九年に就任した片山善博知事は、情報公開条例で請求された情報を所管する部局にたいして、少しでも非公開事項が含まれていると部局が判断する公文書等をすべて知事のもとに上げるように指示し、自ら公開・非公開を判断するとした。この結果、知事のもとに上がる文書等は次第に減少した。つまり、文書等の所管部局は自らの判断によってほとんどの請求に応えて公開するようになった。

## ◆プライバシーの保護

情報公開の適用を除外される項目として最も重要なものは、一方における外交・軍事上の機密と、他方におけるプライバシーにかかわる秘密であろう。自治体の場合、国家機密にかかわる問題はほとんどないといってよい。しかし、警察行政については、捜査上の秘密・機密を理由とした非公開が各地にみられる。都道府県公安委員会—警察本部は、先に述べたように情報公開の対象機関に加えられるようになっているが、警察による公金（とりわけ報償費）の使途については「裏金づくり」との疑念が社会問題となっている。実際、北海道警察本部は二〇〇四年に内部告発を受けて、「裏金づくり」を一部認めた。各地で情報公開条例を用いて警察による公金の使途に関する公開請求が行われているが、警察本部は「捜査上の秘密」を理由に公開を拒んできた。浅野史郎・宮城県知事（当時）はこうした警察本部の対応を正すとして、二〇〇五年に警察予算の一部の執行を停止した。この意味で自治体においても「機密」を理由とした情報の非公開は、依然として大きな問題として残されている

さて、自治体は市民の日常生活に深くつながっているだけに、個人のプライバシーにかかわる情報を大量に保有している。それゆえ、自治体は情報公開制度の具体化を進めるとともに、プライバシーの保護立法にも努力する必要がある。プライバシー保護立法は、一方で「他人にのぞき見されない権利」を守るとともに、他方で「自己情報コントロール権」も守らなければならない。現代の情報化社会では、さまざまな行政分野で個人情報の蓄積・利用が行われており、こうした個人情報が誤っていると、われわれはさまざまな不利益を被ることになる。自分についての情報をコントロールする権利、すなわち「自己情報コントロール権」がとくに重要になるといえよう。

個人情報の保護に関する条例を制定している自治体は、図12-1のように近年急速に増加した。二〇〇四年四月現在で四七都道府県、政令指定都市および二三東京特別区のすべてで制定されており、総数は二六一二自治体となっている。これらの個人情報保護条例では、今日のプライバシー保護制度の意義を反映して自己情報コントロール権がその中心におかれており、自分に関する情報の開示を求める権利、

図 12-1　個人情報保護条例制定団体数の推移

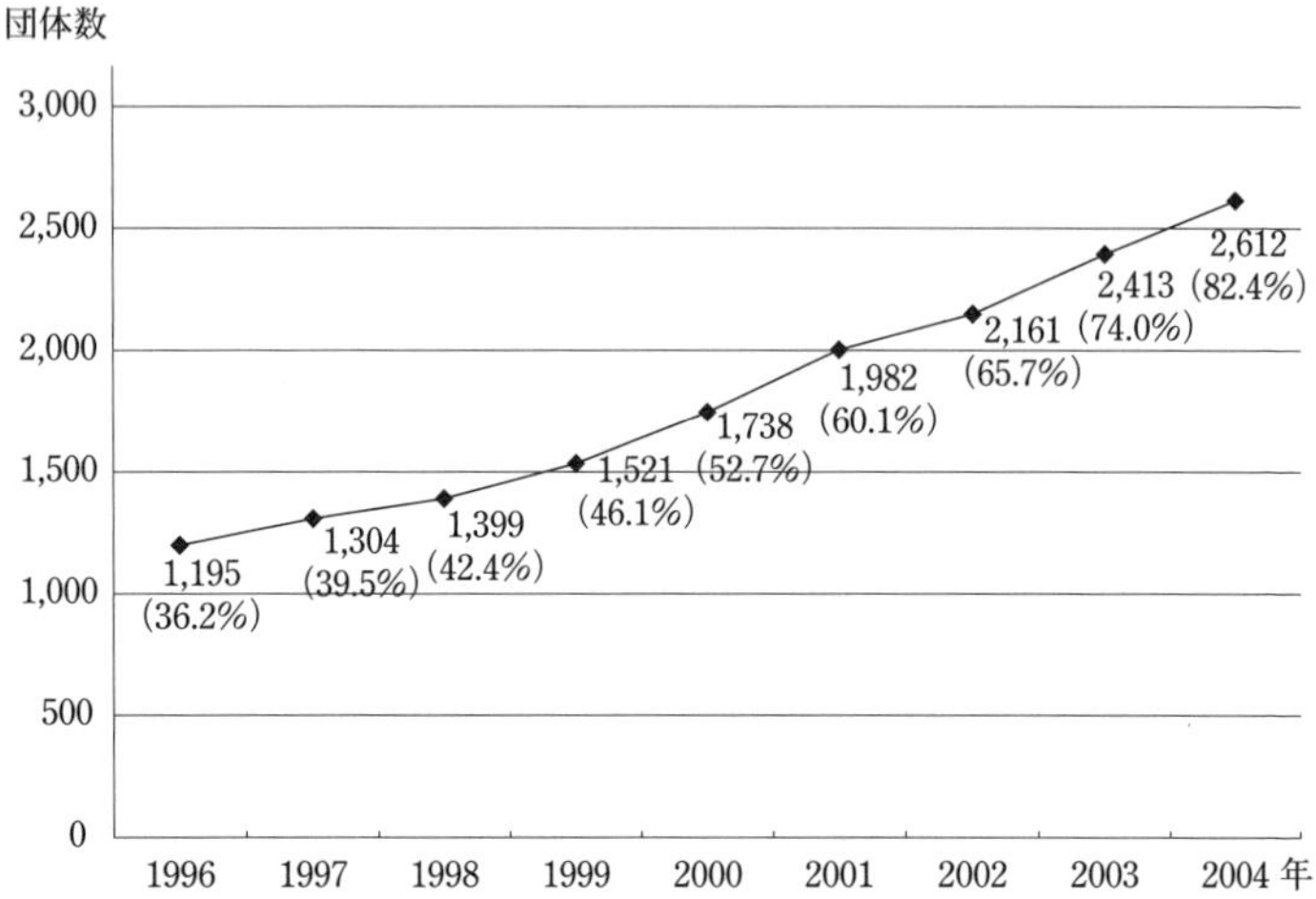


出典　総務省自治行政局地域情報政策室「個人情報の保護に関する条例の制定状況（2004 年 4 月 1 日現在）」(2004 年 8 月).

訂正・削除を求める権利の規定が中心となっている。また、目的外の利用や外部への提供の中止を求める権利などを保障するとともに、個人情報をもっている機関（部局）にたいして、その収集・保管・利用に関するさまざまな義務を課している。

## ◆住民基本台帳の閲覧

しかし、自治体における個人情報保護条例からまったく除外されてきた問題が、今日あらためてクローズアップされている。それは住民基本台帳の閲覧問題である。住民基本台帳法第一一条一項は、住民基本台帳の一部（氏名、住所、性別、生年月日）について写しの閲覧をだれでも請求できるとしてきた。学術研究などのサンプル取得に利用されてもいるが、各種セールスのための情報取得にも利用されてきた。それだけではない。本人になりすまして取得した住民票を用いた詐欺事件、大量閲覧によって取得した情報にもとづく「悪徳商法」、さらにはレイプ事件までが発生している。

住民基本台帳法の第一一条二項、三項は、請求者は請求の事由を明らかにすることを規定するとともに、自治体は不当な目的で利用される恐れがあると判断するとき閲覧請求を拒むことができるとしている。だが、この規定が自治体の行政窓口で守られてきたとはいえない。自治体のなかには、閲覧者の身分証の提示、閲覧を必要とする詳細な理由などを提出させているところもあるが、事実上「野放し」に近い。政府も住民基本台帳法の改正に腰を上げようとしているが、住民基本台帳の管理は自治事務である。自治体は住民基本台帳の厳格な管理＝閲覧の規制に取り組まねばならないであろう。

## ◆住民基本台帳ネットワークと行政機関個人情報保護法

一九九九年の第一四五通常国会では、住民基本台帳のコンピューターネットワークを築くための住民基本台帳法の改正法が成立した。これは個人に一一桁の番号を付し、市町村のコンピューターに記載されている住民基本台帳の情報を、都道府県のコンピューターにつなげ、さらに地方自治情報センター（総務省の外郭団体）のコンピューターを通じて、中央各省のそれにつなげるものである。政府は電子政府、電子自治体の構築のためと説明し、住民票や各種公証書類の取得の利便性、年金事務などの効率化が図られるとした。

住民基本台帳ネットワークは二〇〇二年八月から全国的に稼動している。さらに二〇〇三年八月からはＩＣカードが交付され大規模な稼動となっている。だが、コンピューターネットワークにはハッカーなどの外部侵入を防ぎうるのか、さらにはこのネットワークを通じて中央各省に流れた個人情報がどのように用いられるのか不明といった疑問が社会的に提示された。そのような渦中の二〇〇三年、防衛庁による情報公開請求者の個人情報リストの作成が、毎日新聞のスクープによって明るみに出された。これは情報公開法にもとづき防衛庁に情報公開を求めた人々の思想・信条にも関係するリストの作成であった。多くの自治体は、住民基本台帳ネットワークに従ったが、東京都国立市や福島県矢祭町のように接続を拒否したところもある。また横浜市のように、市民の選択制とした自治体もあった。

ところで、情報公開法の制定とならんで個人情報保護法の制定が社会的に求められていた。個人情報保護法の制定は紆余曲折をたどったが、二〇〇五年四月より民間を対象とした個人情報保護法と行政機関を対象とした個人情報保護法の二つが施行された。民間に対する個人情報保護法にも多くの問題点が残されているが、行政機関個人情報保護法は、個人情報の訂正権を認めているが、他方において行政機関の裁量をも広く認めている。つまり、行政機関の長が業務上必要と判断する場合には、所有する個人情報の加工もできるとしている。先の防衛庁による情報公開請求者のリストの作成も、見方によっては「合法」となりうる。まして、住民基本台帳ネットワークが作られている現状をみると、個人情報の保護システムには依然として多くの課題が残されている。

## ◆情報公開と政策決定

情報公開条例や情報公開法の制定によって、行政にたいする市民の監視機能が高まったことは事実である。とりわけ、市民オンブズマンの運動は、全国各地で自治体の公金の使途を情報公開条例を用いて明らかにした。自治体行政は、公金の使途に関して透明度を高めざるを得なくなった。

しかし、情報公開法制はある意味で「受動的情報公開」であり、市民の側の請求を前提としている。したがって、市民の側はこの法制の意義を認識して積極的に活用していかねばならない。一方、自治体行政に問われるのは、情報公開法制の意義を認識した能動的情報公開である。自ら所有している政策情報や行政のコスト情報などを積極的に公開していかねばならないであろう。政策決定への市民の参画、政策実施における市民との協働を語る首長は多い。だが、そのためには、情報公開条例にもとづく請求があってはじめて情報を公開するのではなく、能動的な情報の公開が求められるのである。

# 13 地域交通

## ◆自治体の新しい政策課題

大都市や県庁所在都市を中心とした地方の中心都市は、古くから公営企業として路面電車ないしバス事業を営んできた。しかし、モータリゼーションの波が押し寄せた一九六〇年代に入ると、いずれも経営難に当面し公営企業会計に赤字を累積していった。路面電車は、大都市や地方中心都市から次第に姿を消し、地下鉄やモノレール、新交通システムに取って代わられたが、これも採算が取れていないところが多い。公営バス事業も、道路の混雑によって、経営の合理化や民営化を避けられない傾向に陥った。

公営企業のあり方が地方自治の問題として議論されたのは、戦前の一九二〇年代までさかのぼることができる。今日と違って都市の生活に規制権限をもたなかった地方団体は、公営企業を営むことで、住民に身近な団体として正当性を得ようとした。だが、とりわけ高度成長期ともなると、民間企業の隆盛のなかで公営企業は、採算性の悪さが強調されても、積極的に評価されることはなかった。クルマ社会の「邪魔」になっている路面電車を廃止し、いかに道路の整備を図るのか、あるいは自治体財政に負担となっている公営企業をいかに合理化するかが、自治体行政の課題とされたにすぎない。言い換えると、近代化途上の中心的価値とされた経済性・効率性の追求が、公共交通を衰退させたといってよい。だからこそ、モータリゼーションの時代を歓迎しつつも、自動車の排ガスによる大気汚染や移動時間コストの増大などは、ほとんど考慮されなかった。

もともと、日本の自治体には、交通政策を担いうるだけの権限は与えられていない。大規模住宅開発が大都市の郊外、さらには郊外都市の中心部から隔たった地域で進行した。「陸の孤島」とさえいわれた住宅団地がある。そして、バス路線や営業時間、タクシーの適正な配置などが問題とされてきた。だが、これらの事業内容を決定する権限は、都道府県知事や市長には存在しない。それらは、国土交通省(旧運輸省)の所掌権限であり具体的には地方整備局(旧地方運輸局)の事務となっている。市営バス事業を営む自治体であっても、運輸行政上の取扱いは民間業者と変わるところはない。本来、まちづくりには地域交通政策の権限が不可欠なのだが、それは放置され続けてきた。

一方、都市と都市を結ぶ地域間交通は、従来から鉄道に依存する傾向が強いのだが、これらの鉄道は、その多くが国鉄によって建設され営業されてきた。自治体は、新幹線をはじめとした新線の建設に、地元代議士を動員してプレッシャーをかけても、地域交通体系のあり方を営業政策にまでわたって考えることなどなかった。鉄道は、まさに「日本国有鉄道公社」の名が示したように、国家事業であって自治体が関与する問題とはみなされなかった。そこでは、「我田引鉄」といわれるように、政治の集票機能の強化とそれへの自治体の依存のみが目立った。

とはいえ、今日、地域交通政策は、地方自治の重要な課題となりつつある。そのきっかけを作り出したのは、国鉄の民営化にともなう地方交通線の切り捨てであったろう。国家によって一元的に管理されていた時代は終わりを告げ、自治体は住民の「足」を確保するために、地域交通政策に積極的に取り組まなくてはならない時代に、否応なく当面した。大都市区域においてもスプロール化や交通の混雑によって、民間事業者と国の出先機関に交通政策を委ねておけばよい時代は終わった。自治体は自らの交通政策をもって、国と交渉し住民の「足」を確保しなくてはならなくなった。

さらに、クルマ社会の進行は、全国いたるところで都市郊外に巨大なショッピングセンターの開発をうながし、中心市街地の衰退を押し進めている。都市コミュニティの再生のためには、地域の交通政策の展開を必要としている。また急速な高齢化の進行は、改めて都市住民の交通手段の確保を課題としている。こうして、自治体独自の交通政策が重要性を増している。

本章では、改めて地方自治の課題となっている地域交通を、国鉄の民営化にともなう地方交通線への対応と自治体の交通政策の両面から考えてみよう。

## ◆国鉄再建法と特定地方交通線問題

国鉄が六つの旅客鉄道会社と一つの貨物鉄道会社に分割民営化されたのは、一九八七年四月のことである。だが、これに先立ち国鉄財政の赤字の解消をめざして、地方の不採算路線の整理が行われた。政府は七九年一二月、「日本国有鉄道の再建について」なる閣議決定において、地方交通線の徹底的合理化のためにバス輸送ないし第三セクターへの転換を推進し、転換にともなう財政的措置を講じる方針を明らかにした。これを受けて翌八〇年一二月に、「日本国有鉄道経営再建促進特別措置法」(「国鉄再建法」)が制定された。同法と施行令によって定義された整理対象の地方交通線とは、国鉄の営業路線二四五路線のうち、幹線鉄道網を形成する営業線以外のものであって、運営改善のために措置を講じてもなお収支の均衡が不可能な輸送密度八〇〇〇人未満のものとされた。これに合致する路線は全部で一七五線となったのである。

このうちからバスないし第三セクターへの転換可能性をもつ路線八二線が、特定地方交通線として選定された。特定地方交通線の将来については、各路線ごとに設置される特定地方交通線対策協議会(地元関係自治体等によって構成)において協議するものとされたが、それらの整理は三次に分けて行われた。第一次特定地方交通線は、輸送密度二〇〇〇人未満かつ三〇キロメートル以下の行き止まり路線と、輸送密度五〇〇人未満の五〇キロメートル以下の路線であり、四〇線・約七三〇キロメートルが選定された。第二次特定地方交通線は、輸送密度二〇〇〇人未満で第一次に選定されなかった路線三一線・約二〇九〇キロメートルが選ばれた。そして第三次特定地方交通線は、輸送密度二〇〇〇人以上四〇〇〇人未満の一二線・約三四〇キロメートルが選ばれた。

一九八〇年代後半に多くの話題をよんだ三陸鉄道は、この第一次特定地方交通線に選定され転換したものであるが、第一次から第三次の特定地方交通線が、どのような転換状態になったかを概括してお こう。第一次については、バス輸送への転換二二線、四〇一・七二九キロメートル、鉄道輸送への転換一八線、三二七・二キロメートルとなった。第二次線は、バス輸送転換二〇線、一四一八キロメートル、鉄道輸送への転換一一線、六七〇・六キロメートルであった。そして第三次については、バス輸送への転換三線、二六キロメートル、鉄道輸送への転換九線、三一二・九キロメートルとなった（浅井廣志「特定地方交通線について」『運輸と経済』一九八九年一〇月号）。

## ◆自治体参加の地方鉄道

国鉄の民営化によって地方鉄道に転換した路線は、一九八八年度末で二八社三一線であった。このうち二六社が第三セクター方式、二社が既存の民間鉄道事業者によって運営されることになった。特定地方交通線協議会が地元自治体から構成されたこともあって、自治体は、自らの責任において将来を構想せざるを得なかった。そして、その多くの場合に自治体が資本参加した新たな鉄道会社を興し、それによる運営が選択された。

青木栄氏の調査によるならば、第三セクターとしての新たな鉄道会社の資本参加状況は、自治体主導型と民間企業主導型に分類される。前者には、道府県主導型と市町村主導型の二つのタイプがある。道府県主導型とは、出資金が関係市町村の合計額と同額ないし上回るタイプであり、市町村主導型とは、沿線市町村の出資金が県のそれを上回るタイプである（「特定地方交通線転換の地域論的意義――新生第三セクター鉄道を中心として」『運輸と経済』一九八九年一〇月号）。

一般的にいうならば、こうした新たな地方鉄道は、国鉄時代と異なって地域の需要実態に合わせた運行が可能であり、地域密着型の鉄道としての意義が大きい。国鉄時代と異なって列車の運行回数を大幅に増やし、住民の利便性を向上させて収益を上げている鉄道もある。自治体が主体的に地域の公共交通政策を立案し実施するようになった結果である。沿線住民の利便だけではなく、こうした鉄道を手段として沿線の観光資源を掘り起こし、地域の振興を図ることもできる。

もちろん、第三セクター鉄道の将来は、全面的に楽観視できるものではない。国鉄から受け継いだ鉄道の施設状況は、老朽化したものから比較的新しいものまでさまざまであった。いずれにせよ、施設のメインテナンスに多額の経費を投入しなくてはならない。転換から五ヵ年間に限って、赤字の半額は国庫によって補塡されたが、それ以降の経営には、鉄道会社の責任とされ困難がつきまとっているのが実態である。一時期脚光を浴びた三陸鉄道も赤字経営に苦慮しているのが現状である。

こうした経営の難しさは、枚挙にいとまがないかもしれない。しかし、地域社会のあり方を決める交通が、国家の手から自治体の手に転換した意義は、大きいといわなくてはならないのである。鉄道問題には今日なお、整備新幹線問題にみるように「御供物―御利益」政治、「陳情政治」の色彩が強く残っている。地域をあげて整備新幹線の着工を働きかけ実現をみても、並行する旧来路線は廃止の命運にある。しかし、自治体のなかには、この旧来路線を第三セクター鉄道として存続させたところもある。これまた経営的に苦しいが、たとえば長野県のしなの鉄道のように、経営改善努力によって一定の収益を上げているところもある。いずれにせよ、地域が自ら地域鉄道政策に取り組もうとする現在の状況は、

「自治」の大きな実験である。

## ◆公営企業としての交通事業

ヨーロッパ諸国の大都市と比較するまでもなく、およそこれほど公共輸送機関、とりわけバスや路面電車が冷遇されている国もない。モータリゼーションの過程において路面電車は廃止され、バスもまた公営・民間を問わず赤字経営に陥り、路線や運行回数の縮小を余儀なくされてきた。

自治体は採算性に苦慮しつつも、公営企業としてバスや地下鉄などの交通事業を実施してきた。地方公営企業として自治体が経営する交通事業は、二〇〇三年度末でバスが四七事業、都市高速鉄道（地下鉄）が一〇事業、路面電車が五事業、モノレールなどが二事業、船舶が五六事業である。これら公営交通事業による年間輸送人員は四〇億人である。一日の平均輸送人員を事業別に見ると、バスが三二七万人、地下鉄が七五〇万人、路面電車が一五万人などとなっている。地域に密着したバス事業の年間輸送人員は四七億二六〇〇万人とされるが、このうち地方公営企業としてのバスは一一億九三〇〇万人（二五・二％）を担っている。

しかし、経営面においては表13-1にみるように、料金収入の減少などによって経常損益で六五億円の赤字となっている。また累積欠損金は一九五六億円である（二〇〇三年度決算）。経営の合理化や人員の削減が進められているものの、公営企業としての存立はきわめて厳しいのが現実である。

二〇〇一年には、改正された道路運送法にもとづきバス会社は、免許をもつ路線からの撤退を「自

表 13-1　公営バス事業の経営状況（単位：億円）

| 区分 | 純損益 | | 経常損益 | |
|---|---|---|---|---|
| | 2003 年度 | 2002 年度 | 2003 年度 | 2002 年度 |
| (事業数) | (28) | (28) | (26) | (26) |
| 黒字額 | 51 | 34 | 42 | 26 |
| (事業数) | (19) | (20) | (21) | (22) |
| 赤字額 | △ 88 | △ 186 | △ 107 | △ 200 |
| (事業数) | (47) | (48) | (47) | (48) |
| 収支 | △ 37 | △ 153 | △ 65 | △ 175 |

出典　総務省編『地方財政白書　平成 17 年版』(2005 年 3 月).

由」に行うことができるようになった。このため、とくに農山村部においては、公共交通による足の確保が難しくなっている。しかし、マイカーもまた円滑な通行可能状態にあるわけではない。それどころか、高齢者にとってマイカーは、「無用の長物」にすぎない。地域における公共交通の復権は、都市部・農山村部を問わず、環境問題の解決のためにも、急速に進行する高齢化社会のためにも、急がれなくてはならない課題である。

### ◆コミュニティバスの取り組み

こうした社会状況を反映して、自治体は一九九〇年代の半ば以降、地域交通の再生の重要性を次第に認識するようになった。とくに都市部の自治体では、地方公営企業とは別の形態で地域の実情に応じたバス路線を、積極的に整備しようとする動きが強まっていった。その先鞭をつけたのは、東京都武蔵野市のムーバスといってよいだろう。武蔵野市は一九九二年に、高齢者をはじめとして誰でも利用しやすい市民交通システムを作るとした。東京二三区に隣接する武蔵野市は、戦前から開発された居住環境の良好な住宅都市であるが、それだけに大型バスの通行が難しい地区を市内に多数抱えている。一九七〇年代初頭には、吉祥寺駅前の大規模再開発事業によって商業機能を高めた。だが吉祥寺駅前の交通渋滞は激しく、とりわけ高齢者の利便性を損なっていた。

一九九五年一一月に営業を開始したムーバスは、市が小型バス車輛（二九人乗り）とバス停を用意し、この地域のバス会社である関東バスに運行を委託したものである。営業収入と運行経費の赤字分は市が補助することになっている。現在、四系統の路線があり、いずれの運行距離も約四キロメートルである。ほぼ二〇〇から三〇〇メートル間隔でバス停が設置されている。いずれの系統とも住宅地の幅員の狭い道路で運行されている。また運賃が一〇〇円に統一されていることもあって、コミュニティバスとして市民に気軽に活用されている。ムーバスは高齢者や子どもに好評であるだけではない。商店街もまたコミュニティバスによって売上げを伸ばしている。

武蔵野市のムーバスにはじまるコミュニティバスは、隣接する調布市をはじめとして全国の市区（東京二三特別区）のうち約二割で導入されている（九九年度末）。もちろん、すべてが安定した経営状態にあるわけではない。比較的成功している自治体に共通するのは、中核的な商業機能をもつ中規模都市であるとされている。したがって、コミュニティバスが都市部以上に必要とされる農山村部においては、高齢者などの足を支える公共交通は依然として課題として残されている。こうした地域の小規模自治体にコミュニティバスの運行を求めるのは、実質的に不可能に近い。府県と市町村の共同によるコミュニティバスの運行が不可欠となっていよう。

## ◆公共交通と連携したまちづくり

地方の中心都市をはじめとして中心市街地の衰退が進行している。また大都市になるほど、都市内の交通渋滞は著しい。コミュニティバスによって、まちの再生や住民の利便性の向上を図っている自治体もあるが、より積極的に公共交通と連携したまちづくりが考えられるべき時代を迎えていよう。

日本の大都市において、比較的公共交通との連携を配慮したまちづくりを進めていると評価されてきたのは札幌市である。札幌市は地下鉄の郊外駅にバスターミナルを建設し、都心への通勤・通学や買い物客へのバスから地下鉄へのトランジットを奨励してきた。同様の試みは仙台市の地下鉄においてもみられる。こうしたパーク&ライドの取り組みは、鎌倉市のような観光資源をもつ都市においても試みられている。

しかし、依然として課題として残されているのは、自治体に交通規制の権限が備わっていないことである。マイカーの乗り入れ規制、バス専用レーンの設置はもとより、一方通行の規制、信号機の設置などは、いずれも道路交通法にもとづき警察本部の権限である。自治体は警察行政との協議を重ねているが、かならずしも自治体側の意向が実現する状況にない。この意味では、交通政策にかかわる機動的な調整機関の設置を不可欠としている。また、札幌市や仙台市のように市営地下鉄を有する大都市はともかく、パーク&ライドを有効に機能させるためには、都心部における公共交通機関の整備が不可欠である。しかし、それは依然として未解決である。

こうした課題を残しているものの、パーク&ライドは、大都市圏における中核的都市の交通渋滞を是正し、都心のビジネスやショッピング機能を高めるために、積極的に活用されていくべきであろう。実際、ヨーロッパやアメリカの都市では、パーク&ライドを基本とした「トランジット・モール」が造られてきた。つまり、都心部へのクルマの乗り入れを禁止し、クルマ利用者は電車に乗り換えることで、まちの活性化と環境に寄与しようとするものである。そして、この都心部における電車は高額の資本投資を必要とする地下鉄ではなく、路面電車それも低床式のLRT（ライトレール・トランジット）である。

日本の路面電車は、先に述べたように主として一九六〇年代に次々と撤去された。二〇〇四年現在、公営および民営の路面電車が運行されている都市は、鹿児島市、熊本市、長崎市、広島市など一八都市である。しかし、このなかには東京都や札幌市のように都市の主要交通機関からは程遠い状況のものもある。

ヨーロッパやアメリカにおいては、路面電車は「水平のエレベーター」と形容され、都市の社会資本としてとらえられる傾向にある。また、LRTの技術革新も著しく、架線なしで走れるバッテリー・トラム、一本レールのゴムタイヤ・トラム、デュアルモード・ビークル（線路も道路も走れる車両）などの開発が行われている（今尾恵介「路面電車で『町おこし』は可能か」『グラフィケーション』第一四〇号、二〇〇五年九月）。日本の都市においても、路面電車を都心部の交通手段としたパーク&ライドが、まちづくりの中心に位置付けられていくべきであり、そのための社会資本投資を必要としていよう。

地域交通は、いまや鉄道会社やバス会社の採算性を中心に考える時代ではない。それは中心市街地の再生、高齢化社会における交通の利便性の確保、さらに地球規模の問題ともなっている環境問題への対応などを軸とする都市政策の重要課題となっているといってよい。

# ◆14 環境保全

## ◆高度成長と公害問題

大気汚染、水質汚濁、土壌汚染、騒音、振動、地盤沈下、悪臭などのように、生活環境を悪化させて、多くの人々の生命、健康、福祉などを害する現象は公害とよばれている。大別して、企業活動にともなう廃棄物によって生ずる企業公害と、自動車、鉄道、飛行機の運行にともなって生ずる都市公害とに分けられる。欧米では、生態学的観点が強調されて「環境汚染」とか「環境破壊」という用語が用いられることが多い。日本では、英米の「公的不法侵害」にあたる「公害」が広く用いられている。それがとくに「公」害とされるゆえんは、被害のおよぶ範囲が不特定多数で、その救済ないし防止は公的措置によらざるを得ない点に求められよう。私企業による企業公害には私害的性格が強いが、それによって破壊される環境が公共性をもっている以上、公害性は否定しえない。

日本で公害が広く注目されるようになったのは、一九六〇年代に入ってからである。それ以前にも有名な足尾鉱毒事件に代表されるような公害事件が存在したが、多くの場合局地的で散発的であった。しかし、六〇年代に入ると、公害の発生件数が増大し、種類が多様化し、規模が拡大して広域化した。公害は明らかに新しい段階に入ったといえよう。公害にたいする関心を喚起するうえで決定的な役割を果たしたのは、五六年に熊本県水俣市で発生した有機水銀中毒症であった。それは日窒（現チッソ）水俣工場の工場廃液によるものと認定され、次々に新しい患者が発見されて、戦後最大の公害事件となった。水俣病の患者のなかには胎児性水俣病の幼児が十数名含まれており、その悲惨さが全国に報道されて、公害にたいする関心は一挙に高まった。

一九六〇年代に入ると、同様の事件が各地で発生する。六四年には水俣病と同じ症状が新潟県の阿賀野川流域に発見され、調査の結果、昭和電工の工場廃液中の有機水銀による中毒症であることが判明した。また、三重県の四日市市では、石油コンビナートが排出した亜硫酸ガスによって多くの人々が喘息の発作に苦しめられた。さらに、富山県の神通川流域では、三井金属工業神岡鉱山から流出したカドミウムによる奇病（骨が次々に折れて死に至る）が現れ、イタイイタイ病とよばれた。ここに挙げた水俣病、阿賀野川水銀中毒、四日市喘息、イタイイタイ病の各患者は、それぞれ汚染源と目された企業にたいし損害賠償を請求する訴訟を提起し、七一年九月の阿賀野川水銀中毒事件を手初めとして、四件すべて原告側の全面勝訴に終わった。この四件の裁判は、四大公害裁判とよばれている。

## ◆公害規制と地方自治

公害が激化するとともに、政府による公害規制を求める声も強まり、一九六七年には、公害対策基本法が成立した。それによって公害規制の基本理念は明らかにされたが、公害規制に有効な方策がただちに具体化されたわけではなかった。むしろ、公害規制を前進させるうえで重要な役割を果たしたのは自治体であり、この点で画期的な意味をもったのは、六九年の東京都公害防止条例である。同条例は、法令上届出制になっていた工場設置を許可制にしたり、法令上は個々の公害発生施設ごとの規制であったものを、工場全体としての総量規制に代えるなど、国の法令よりも厳しい規制を定めていた。このように、自治体の条例が、国の法令ですでに定められている事項について、法令とは異なった規定を定めることができるか否かについて、当時有力であった「法令の先占理論」は、法令が規定している事項については、条例で法令と違う定めをすることは原則として許されないとしていた。

東京都公害防止条例は、「法令の先占理論」とは対立する内容を含んでいたが、当時の公害の環境汚染が深刻であったため、国の政府もそれを認めざるを得ず、これが契機となって「法令の先占理論」は事実上否定されていくことになる。国の法令よりも規制基準を強化し、あるいは規制対象を拡大した条例は当時「上乗せ・横出し条例」とよばれていたが、東京都公害防止条例はその先駆的な例といってよいであろう。その後、東京都以外の自治体でも、公害規制のために「上乗せ・横出し条例」を制定するところが多くなり、国でもこうした動きに触発されて、一九七〇年の「公害国会」では、水質汚濁防止法、海洋汚染防止法、公害紛争処理法など一四の公害関連法律が制定されている。公害規制に関しては、自治体が国の政府に先行し、国の立法を先導したのである。

自治体による国の立法の先導は、公害規制に限らず、環境問題全般にみられる傾向でもある。一九七〇年代初頭に各地の自治体で制定された自然環境保護条例もその典型的な例といえよう。それは七〇年から七一年末までの短い期間に二二の道県で制定され、また市のレベルでも六八年の金沢市伝統環境保存条例を手初めとして、倉敷、柳川、盛岡、高梁市などにおいて自然環境保護条例の制定が相次いだ。こうした動きは七二年六月の自然環境保全法の制定をうながすことになったのである。

こうした国レベルの立法化が進まないために、自治体が条例による制度化を先行させたケースの典型は環境アセスメント条例であったといえよう。環境アセスメントとは、大規模工業地帯開発や都市計画などの開発行為が、自然環境にいかなる影響をおよぼすかを事前に調査することをいう。環境庁は七九年以来、環境アセスメント法案の立法化に努めてきたが、他省庁との調整がつかないため、国会に提案するまでに至らず、八一年にようやく法案を国会に提出したものの、七回にわたって継続審議になった末、廃案になった。その後、一九九六年になってようやく村山富市内閣のもとで環境アセスメント法が成立した。その間、七七年には川崎市が、七九年には北海道がそれぞれ独自の環境アセスメント条例を施行、次いで八一年に東京都と神奈川県が条例を制定した。二〇〇五年現在では四七都道府県と一四政令指定都市のすべてと六市が環境アセスメント条例を定めている。

## ◆環境問題の多様化

最近では、公害問題というよび方よりも環境問題というよび方が一般的であるが、それは公害のおよぶ範囲がますます拡大して、環境全体への影響を無視できなくなっているからであろう。それに加えて、公害の形態もますます多様化して、ハイテク汚染やゴルフ場公害など従来みられなかった新しい形態の環境汚染も現れているため、環境問題という普遍的なよび方のほうが現実に適合しているともいえる。大気汚染に代表される在来型の公害については、国民の関心は徐々に低下しているが、実際には必ずしも環境保全が充分に達成されているわけではない。たとえば、大気汚染で中心的な役割を果たしている二酸化窒素の場合、一九八六年ごろまでは減少傾向にあったものが増加し始め、八七年には過去最悪の一〇年前の水準にまで後退した。こうした汚染悪化の原因としては、暖冬が続いて風が弱い日が多く汚染物質が拡散されなかったこと、経済活動の活発化にともない自動車交通量が増えたこと、ビル暖房も含めて燃料消費量が上がったことなどが挙げられるであろう。

最近注目を集めている環境汚染の新しい形態の一つが、ハイテク汚染である。コンピューター、エレクトロニクス関連産業は、そこで用いられているテクノロジーが非常に高度であることから、ハイテク産業とよばれてきた。ハイテク産業は消費エネルギーも少なく、公害とは無縁なクリーン産業とされてきたが、ＩＣ製造工程で多量に使用されるトリクロロエチレンなどの有機塩素溶剤が、強い発癌性をもつにもかかわらず、周辺の土壌や地下水を汚染していることが判明して、クリーン産業というイメージも崩れ始めたといえよう。米国カリフォルニア州のシリコンバレーはハイテク産業の集積地として有名であるが、地下水汚染とそれにともなう健康障害が現れており、ハイテク汚染の疑惑が濃いとされている。日本でも千葉県君津市や兵庫県太子町で、半導体工場で使用されたトリクロロエチレンに起因するとみられる地下水汚染が起こっており、化学物質の法的規制が新たな課題になった。

化学物質による汚染は、ゴルフ場公害においても中心的位置を占めている。もともとゴルフは、雑草などが生えにくい植生のスコットランドで完成されたスポーツである。モンスーン地帯にある高温多湿の日本でゴルフ場を維持するためには、多量の除草剤や芝生を守るための殺菌剤が必要とされる。そのため、全国で約一六〇〇のゴルフ場は、普通の農地の数倍もの農薬を使用しており、プレーヤーやキャディの健康に有害な影響を与えているだけでなく、地下水を汚染することで、周辺住民にも重大な影響を与えている。また、ゴルフ場の造成は森林の伐採をともなうため（一八ホールのゴルフ場は、平均一〇〇ヘクタールの林野を伐採する）、貴重な森林資源を枯渇させ、自然破壊を加速しているといえよう。

一九八〇年代の「バブル経済」期にはゴルフ場建設が全国各地で進み、大きな地域紛争となった。たとえば、奈良県山添村、長野県富士見町、滋賀県信楽町などでゴルフ場建設反対運動が起きているし、新潟県小千谷市では市とゴルフ場業者との間で公害防止協定が結ばれた。また、埼玉県小川町では、地域住民とゴルフ場造成業者との間で環境保全協定が結ばれている。

九〇年代初頭の「バブル経済」の破綻とともに、建設中止や計画凍結に追い込まれたゴルフ場が少なくない。その間、ほとんどの都道府県が農薬対策を決定し、九三年には環境庁（現環境省）も新たな水質環境基準を定めている。事態はやや改善されたといえるが、ゴルフ場がもつ問題性が解消されたわけではない。

## ◆迷惑施設と環境保全

自治体における環境保全との関連で無視できない問題の一つに、迷惑施設による環境汚染の問題がある。迷惑施設とは、それぞれの地域社会で必要不可欠な機能を営むものでありながら、悪臭、振動、騒音などにより周辺環境を悪化させる恐れがあるため、周辺住民からは迷惑に思われている施設のことである。産業廃棄物処理場、ごみ焼却場、し尿処理場、下水道処理施設、火葬場などのほか、最近では幼稚園や学校も迷惑施設とされることが少なくない。迷惑施設の新設や増設に際しては、地域住民が反対の意思表示を行うことが多く、ときには強い反対運動が組織されることもある。

こうした反対運動はしばしば行政にたいする住民の反対運動であるかのごとき外観を呈するが、現実にはむしろ地域住民と他の地域住民との対立である場合が少なくない。反対運動との和解を可能にする方策として、最もよく用いられているのは、補償金の支払い、福祉施設の拡充などであるが、それはしばしば迷惑施設の建設コストを巨大なものにする。迷惑施設の建設に際して自治体は、計画策定の段階から地域住民の意思の反映に努めるとともに、策定手続きが紛争の原因にならないように配慮すべきであろう。

それと同時に、自治体は迷惑施設による環境汚染を最小限度にとどめるための積極的な努力を行う必要がある。たとえば、下水道については、従来河川の流域にそって広い地域の生活排水や工場廃水を総合的に処理する流域下水道が効率的であるとされてきた。しかしその場合には、工場廃水に含まれる有毒物質によって微生物が死滅してしまい、生活排水の処理も行われないまま、無処理放流が行われることになる。そのため、最近ではむしろ小規模な下水の処理施設が望ましいとされ、個人レベルでし尿と生活排水とを一緒に処理する合併処理槽も、その効用が再評価されている。またごみ焼却場の場合、ごみが増えれば新たな処理施設を建設する必要に迫られるが、今日の大都市でごみ焼却場に適した用地を見出すことはきわめて難しい。しかも、大都市におけるごみの量が今後ますます増加する傾向にあるとすれば、ごみ問題はきわめて深刻な状態にあるといわなければならない。

こうしたごみ問題を解決するためには、何よりもまずごみの量を減らすことが必要とされよう。ごみの量を減らすには、ごみに関する住民の意識が変化することが先決であるが、この点で注目されるのは、住民運動の側に変化の兆しがみられることである。たとえば、一九八二年に東京都目黒区では、東京都の清掃工場建設をめぐって住民の反対運動が起こったが、この住民運動はのちに建設反対の運動からごみのリサイクルを求める運動に転換した。そして、八五年には一万一七五五人の署名を集めて、「有価物の回収と再資源化に関する条例」の制定を目黒区議会に請求した。この請求は区議会で否決されたが、ごみ焼却場にたいする反対運動が、ごみ問題それ自体を問い直す方向へ発展した点で、この運動は高い評価に値するであろう。ごみ問題を問い直していけば、われわれは、たとえば紙を無駄に使うことでいかにごみを増やしているかに気付くであろうし、紙の無駄使いは木材資源の無駄使いにつながっていることにも気付くであろう。こうして、地域の環境保全の問題は地球規模での環境保全の問題につながっていくのである。

こうした地域からの運動に応えるかたちで、最近では、容器包装リサイクル法の制定をはじめとして各種のリサイクル法が制定をみた。自治体の一般廃棄物の収集・処理行政においても、分別収集とリサイクル・リユーズが推進されるようになった。一〇種類以上への分別には、わずらわしいとの批判がないわけではない。だが、地域からのごみ減量と資源の再利用の動きは、大きな前進といわねばならない。

## ◆地球規模の環境汚染

現在、われわれの住んでいる地球には、さまざまな環境汚染が同時に進行している。たとえば、酸性雨という現象がある。もともと雨には大気中の炭酸ガスが溶け込んでいるため、雨は弱酸性を示すのが普通であるが、最近はレモンなみの酸性をもつ雨が降ることがある。これは汚染された大気中の硫黄酸化物や窒素酸化物が雨や雪に溶けるために起こる現象で、この酸性雨により、ところによっては、湖沼の魚が全滅したり、森林が枯死したり、建造物が腐食するなどの重大な被害が現れている。日本でも各地で、酸性雨によるとみられるスギの立ち枯れやブロンズ像の腐蝕が目立つほか、ビルのコンクリートが酸性雨で溶ける「酸性雨ツララ」などの現象が現れ始めている。

また、フロンガスによるオゾン層の破壊という問題がある。フロンガスは電気冷蔵庫の冷媒、半導体の洗浄剤、ヘアスプレーなどの噴霧剤などとして広く使われてきたが、一九七〇年代に地球のオゾン層を破壊する危険性をもつことが明らかになった。オゾン層が破壊されると、皮膚ガンや白内障の増加など健康面に影響が現れるほか、農作物の収穫減少、浅海域でのプランクトンの減少といった動植物への影響が現れてくる。

こうした地球環境問題のなかでも、とくに深刻な問題が地球の温暖化という現象である。これは世界の平均気温が毎年少しずつ上昇していく現象で、その最大の原因は、化石燃料の大量消費によって大気中の二酸化炭素が急激に増えたことにあるとされている。大気中の二酸化炭素は、温室のガラスのように、太陽の光は通すが熱は通さないという性質があり、増えると地球を暖めることになる。こうした温室効果ガスには、二酸化炭素のほかにも、メタンやフロン、亜酸化窒素などがあり、化石燃料の使用によって生ずるものが多い。地球の温暖化が進めば、南北両極の氷が融解することが予想され、今のままの状態が続けば、二一〇〇年には地球の気温が二度上昇し、海面が現在より五〇センチメートルも上昇すると予測されている。

地球の温暖化に関連のある現象に、熱帯林の破壊がある。熱帯湿潤林は地球気候の安定や二酸化炭素の吸収に大きな役割を果たすが、年々大幅に減少しており、一九七五年には一四二一万平方キロメートルであったものが、九〇年には一〇七〇万平方キロメートルとなっている。陸地の約七%にすぎない。熱帯林が破壊されていく理由は複雑だが、第一に、熱帯林保有国における人口の急増から、焼き畑によって農地や放牧地の拡大が図られてきたことである。第二に、先進国が国内材の温存のために、熱帯材の輸入を急増させてきたことである。七〇年以降二〇年間に先進国の熱帯材輸入は一六倍に増えた。日本は熱帯材の世界最大の輸入国であり、世界の貿易量の三割近くを占めている。熱帯林の破壊は確実に大気中の二酸化炭素を増大させ、地球の温暖化を促進している。日本は熱帯林の伐採を通じて、明らかに地球環境悪化を促進してきたといえよう。

## ◆地球環境問題と地方自治

地球的規模での環境汚染に取り組むためには、何よりもまず国際的協力が必要とされる。そのために設けられた国際機関が、国際連合の常設機関の一つである国連環境計画（ＵＮＥＰ）である。ＵＮＥＰは、一九七二年にスウェーデンのストックホルムで開かれた国連人間環境会議の決議で設けられたもので、地球温暖化の防止、オゾン層の保護、砂漠化の阻止、熱帯林の保護などに関して、国連諸機関の環境保護活動を総合的に調整し、国際協力を推進している。日本は、ＵＮＥＰの準備段階から積極的に協力し、環境基金にも大口の醵出を行ってきた。

一九九二年には、国連人間環境会議二〇周年を記念して、「環境と開発に関する国連会議」（地球サミット）が、ブラジルのリオデジャネイロで開催され、一七二ヵ国の政府代表と国連機関が参加した。この会議で、環境と開発に関するリオ宣言が採択され、世界の今後の環境保全のための基本指針が明らかにされた。この指針に沿った具体的行動計画が、「アジェンダ21」である。さらに地球サミットは、参加各国が国連気候変動枠組条約と生物多様性条約に署名する場ともなった。この国連気候変動枠組条約は、地球サミットの直前に成立したもので、先進国に対して二酸化炭素の排出抑制を求めるとともに、発展途上国への資金提供と技術移転を義務づけている。

「アジェンダ21」は、四〇分野にわたって、一〇〇〇以上の行動を収めた詳細な計画であるが、第二八章では自治体の役割が定められている。そこには、次の四つの目標が掲げられている。①一九九六年までに、ほとんどの自治体は地域住民との意見交換を行い、「ローカル・アジェンダ21」に関する合意を得るべきである。②九三年までに、国際社会は、自治体間の協力の増進をめざした取り組みを開始すべきである。③九四年までに、都市等に関する協会の代表は、自治体間の情報と経験の交流の強化を目的にする協力および調整を強化すべきである。④すべての自治体は意思決定、計画および実施過程への女性および青年の参加をめざしたプログラムの実施および進行管理が奨励されるべきである。

「アジェンダ21」は、地球環境の保全に関して、自治体に大きな期待を寄せているといわなければならない。「ローカル・アジェンダ21」を策定する作業は、まだ端緒についたばかりであるが、そこで要求されるのは、抽象的な目標設定ではなく、具体的な数値設定である。その点で注目されるのは、東京都足立区の「地球にやさしい環境づくり行動計画」であろう。この計画では、二酸化炭素を二〇〇〇年の時点で一九八九年のレベルに安定させるためには、一万八〇〇〇トンの炭素排出量を削減する必要があるとして、この削減量を①緑化・土壌還元で一五%、②省エネ建物で一五%、③再利用・再資源化などで二〇%、④個人の努力で五〇%と割り振っている。数値の適否はともかくも、数量化の試み自体は評価に値するといってよい。

その後、気候変動枠組条約にもとづき具体的数値目標を定める国際会議が繰り返された。一九九七年一二月、京都で開催された「気候変動枠組条約第三回締結国会議」(cop3) は、京都議定書を採択した。京都議定書は、先進国にたいして法的拘束力のある温室効果ガス排出削減目標を設定した点で画期的であった。二〇〇八年から二〇一二年までの期間に、先進国全体で一九九〇年時点に比して五パーセント減を実現するとし、日本六パーセント、米国七パーセント、ＥＵ八パーセントなど、各国別の数値目標が定められた。しかし、この実現の方法をめぐって各国間の合意は簡単に成立しなかった。締結国会議は繰り返されたが、その間の二〇〇一年三月、ブッシュ米国大統領は、京都議定書は米国経済に悪影響を与えるとして、離脱を一方的に宣言した。米国への国際的批判が高まったが、各国はその後も国際会議を継続し、二〇〇五年二月一六日、京都議定書が発効した。法的拘束力のある数値目標をもって温室効果ガスの排出削減を定めた初の国際条約である。一四一ヵ国とＥＵが批准している。

この国際条約は、地球環境の保全は国際的な協力なしには達成しえないことを宣言したものである。日本政府もこの条約の履行責任を負う。だが、この問題の解決には、同時に「最も身近な政府」である自治体の協力と努力が不可欠である。自治体は「ローカル・アジェンダ21」の策定と実施に積極的に取り組む必要がある。地球環境問題は、Think Globally, Act Locally に徹することが、解決に向けた第一歩であるというべきであろう。

# ◆15 自治体外交

## ◆国際化時代と自治体

近代国家の成立以降、外交は国家主権の発現であり、中央政府（国家権力）の専管事項と観念されてきた。近現代の世界政治は、軍事力を背景とした国家と国家の関係として推移したといってよい。とはいえ、いまやいずれの国も、国家主権の観点からのみで国と国の関係を考えることはできない時代に至っている。

日本の歴史を簡単に振り返っても、それはよくわかる。明治政府のもとで日本の「開国」は一段と進められたが、外交は国家によって一元的に担われた。しかも、国内的には先進諸国に追いつくために、経済社会にたいする国家の後見主義（パターナリズム）が強化され、高度の中央集権体制が築かれた。ここからは、国際社会との共存の論理と行動は生じ難かった。実際のところそれは、先進諸国との政治的・経済的覇権競争を強め、アジア諸国への蔑視にもとづく帝国主義的侵略へと結びついた。

第二次大戦後においても、日本のこうした権威主義的な思考と行動様式は払拭されないまま、経済的発展がナショナルゴールとして追求された。とはいえ、戦後の驚異的経済発展は、必然的に国際社会との関係を深めざるを得ない。諸外国との間に多様な摩擦を生み出し、国内経済社会の構造の改革を迫られた。一九八〇年代から強まった産官協調体制や日本的経営への批判、農産物の輸入自由化の要求は、一つの典型事例である。

さらに、一九九二年のソ連の崩壊後、市場経済はグローバル化している。日本を含めて世界の国々は、経済社会体制の調整と相互の協力のために、国際機関の役割を重視せざるを得なくなっている。一九九四年にGATT（関税と貿易に関する一般協定）を改組し、WTO（世界貿易機関）が設立されたのも、その具体的表れである。

このように見れば、外交が中央政府によって一元的に担われる時代は、明らかに終わりを迎えた。中央政府による国家間の外交関係の設定、維持、更新、国際条約の締結ですら、二国間交渉を基本とする時代から多国間交渉の時代に入っている。言い換えれば、それぞれの中央政府は、これまで以上に、国際機関の意思に従わなくてはならない。

ところで、条約や国際協定の締結は、中央政府の外交機能として今後とも残るであろうが、自治体や地域さらに市民が、国境の壁を越えて、経済・文化・平和・技術交流などをなしえない理由は、どこにも見当たらない。それどころか、自治体と自治体、市民と市民の活発な国際交流こそが、国際的協調をうながし支える最も重要な基礎的条件である。本章と次章では、国際化時代の自治体の役割や中央政府と自治体の関係について考えてみよう。

## ◆姉妹都市提携から自治体外交へ

戦後日本において自治体が諸外国との交流を深めるきっかけとなったのは、姉妹都市提携であった。一九五五年に長崎市がセントポール市（アメリカ）と結んだ姉妹都市提携が、戦後第一号であった。自治体国際化協会の調査によると、二〇〇五年五月末日現在で八九〇自治体が一五一四件の姉妹都市提携を結んでいる。この相手先としてはアメリカが最も多く、次に中国、ブラジルとなっている。最近の傾向としては、中国の都市や省との提携が増加している。この提携状況には、戦後日本の姿が投影されていよう。アメリカとの提携が多いのは、占領期以降の「緊密さ」を表しているだろうし、ブラジルとのそれは移民が重要な契機となっている。そして中国との提携は、七二年の日中国交回復を機として、改めて自治体間に友好交流関係を築こうとする機運が生じたことを意味しているばかりか、自治体が近隣地域との経済交流を重視したためである。

姉妹都市提携は、その初期には必ずしも実質をともなっていなかった。一種の「儀式」として首長や地方議員団の訪問を中心とした交流にとどまっていた。しかし、今日、姉妹都市提携を軸として、経済交流や技術交流・援助、文化・芸術交流などが、積極的に行われるようになっており、自治体が国（中央政府）にならぶ外交の主体に成長する有力な手段となった。そして、こうした取り組みは、たんに外国の地域・都市との友好を深めるだけではない。地域間の経済的不均衡がいわれるなかで、「地域おこし」「村おこし」と表現される地域活性化の手段ともなっている。姉妹都市提携から発展してきた自治体外交を、いくつかの局面から見ておこう。

## ◆経済・技術交流と援助

発展途上国から「経済大国・日本」への期待は大きい。自治体は、中央政府のODA（政府開発援助）とは別に、世界の各地の自治体・地域との間に経済・技術交流を試みている。県が主導した商談会などが開かれるとともに、地場産業の見本市が開催されている。さらには、先端技術を有する地域の企業に、友好親善関係にある自治体への進出を斡旋してもいる。

しかし、経済的な交流にもまして自治体の活動を特色づけているのは、各種の技術移転や技術協力である。多くの自治体では、発展途上国から技術研修生を招き入れ、日本の工業・農業技術を学べる場を設けている。代表例をあげておくならば、北海道帯広市は農業、名古屋市は消防防災、川崎市は医療、宇都宮市は土木・建築といった具合である。そして、こうした多様な技術研修のなかでも、注目を浴びているのは、自治体による日本の公害防止技術の途上国への移転である。四日市市は、かつて四日市ぜんそく息に多くの市民が苦しめられ「公害の街」として知れ渡ったが、その後、公害の克服に取り組んできた。一九九〇年に国際環境技術移転研究センター（ICETT）を設立し、世界の三〇ヵ国近い国々から研修生を受け入れて、公害防止技術の移転に努めてきた。九五年には、こうした活動が高く評価され国連環境計画（UNEP）から「グローバル五〇〇賞」を受賞した。

自治体は外国から研修生を招いて技術移転を行っているだけではない。千葉市はパラグアイのアスンシオン市に廃棄物処理技術者を、横浜市はルーマニアのコンスタンツァ市に医療・公衆衛生の技術者を派遣してきた。

この一方において、日本の自治体は、外国の都市から技術の導入を図ってきた。たとえば岐阜県は、アパレル産業の振興のために、イタリアのフィレンツェ市と姉妹都市提携し、ファッション技術の交流に取り組んでいる。それだけではなく、オリベ・プロジェクトとして欧米諸国の都市との交流によって地域の伝統的工芸や産品にイノベーションを加えつつ、国際的な売込みによる地元産業の振興を図っている。また、北海道池田町や山梨県勝沼町は、姉妹都市提携先の都市などとの間にワインの製造技術の交流を行っている。

このような事例は、たんに「経済大国」が、途上国を援助するという次元を超えた優れた試みといえるだろう。自治体が現場で蓄積してきた各種の技術を移転するとともに、相手方に学びつつ地域の再生を図ることは、自治体であるからこそなしうる国際交流であるといってよい。

### ◆文化・芸術交流

多くの民族の国際的共存にとって重要であるのは、相互に歴史や文化・芸術などの理解を深め合うことであろう。そのような機会を積極的に創り出せば、他の民族にたいする差別や蔑視、自民族の「優秀性」という虚構は、おのずと薄らいでいく。自治体は、草の根レベルにおいて、こうした文化面での交流に力を入れている。国際理解講座を設けている自治体も多い。文化、スポーツの交流事業を実施している自治体も多い。富山県利賀村（現南砺市）の「世界演劇祭」は、今日国際的評価を生んでいるが、同様の試みは霧島国際音楽祭（鹿児島県）、カナガワ・ビエンナーレ国際児童画展（神奈川県）、国際文化交流展（石川県）などをはじめ、各地で実施されている。これらはいずれも、住民が国際的視野を深める機会となっている。同時に、多くの人々が集うことによって、国際的文化理解の優れた場となっている。

## ◆自治体間の国際的政策開発

自治体と自治体を通じたヒト・モノ・文化の国際的交流とならんで自治体外交の重要な側面は、政策の共同開発の動きである。今日の自治体が当面している大都市問題や自然保護・環境問題は、一国主義的に解決できるものではない。国境を越えて各地の試みを学び合い、解決のノウハウを共同して開発しなくてはならない。

このような認識をもとに自治体主催の国際会議がもたれるようになった。一九七二年には美濃部東京都知事の提唱によって「世界大都市会議」が東京でもたれ、大都市問題解決のための技術交流が追求された。さらに八五年には、世界の大都市の首長一九名が参加した「大都市サミット」が同じく東京でもたれ、政治体制や経済体制の違いを超えて大都市問題の解決に当たることが確認された。また、八四年には、滋賀県において湖をもつ世界の都市の関係者が集まった「世界湖沼環境会議」が開催された。それは九五年にも、茨城県で開催されている。八七年には、京都市において「世界歴史都市会議」が開催され、歴史的遺産の保存と都市の生き方について討論が交わされた。九四年にも京都市で第四回歴史都市会議が開催された。そして、この会議を機に四三ヵ国の四八市が加入する世界歴史都市連盟が結成され、協力して文化財保存技術の交換を押し進めることになった。

こうした会議の開催を嚆矢として、今日では規模の大小はあるものの、国際的な都市間の政策開発に向けた会議が各地で開催されている。なかでも代表的事例は、九四年に福岡市が開催したアジア太平洋都市サミットである。福岡市はホーチミン、バンコク、マニラなど二一都市の首長らを招き、交通、住宅、環境・衛生分野のノウハウの交換と開発を図ることを決定した。この会議はその後もアジア各都市のもちまわりで開催されている。

これらの試みは、今後とも活発に展開されていくであろう。政策の共同開発のもつ意義は、たんに政策ノウハウの蓄積の次元にとどまらない。環境問題をはじめとした都市問題は、政治体制の違いを超えて深刻さの度合いを深めている。これに世界の自治体が共同して取り組むことは、自治体と自治体が中央政府を経由せずに結び合うことであり、国際平和の基礎を固める力となる。国境なるものの「擬制」が、こうした活動を通じて明らかになるといえよう。

## ◆非核・平和を追求する自治体外交

経済・技術・文化交流や政策の共同開発に加えて自治体は、国際平和に重要な一石を投じてきた。多くの悲惨な歴史を残した戦争は、たんに国家主権間の争いであったのではない。国家による外交の専管なる観念に支えられて生じたものと見ることができよう。自治体と市民が、国境を越えて相互に非武装・非核を宣言し交流するならば、戦争という人間の愚かしい営みを、根絶することができよう。

自治体による非核・平和への取り組みが本格化したのは、一九八二年の国連軍縮特別総会を機としてであった。これ以降多くの自治体で、非核都市宣言が行われた。先駆的例としては五二年の静岡県三島市、六〇年の兵庫県明石市などがあるが、八二年までに非核宣言をしていた自治体は、わずかに六自治体にすぎない。

それが一九八二年に五七自治体、八三年に八五自治体、八四年に四一〇自治体、八五年に四九八自治体、八六年に二一八自治体、八七年に八八自治体において非核宣言がなされている。この結果、二〇〇五年五月現在、宣言自治体の総数は、二四四六の自治体のうち一八七四におよんでいる。その数は全自治体の七七%におよぶ。国際的に展開された反核運動が、いかに大きな影響を日本の自治体にもたらしたかが、よくわかるであろう。

これらの非核平和都市宣言自治体は、日本非核宣言自治体協議会を一九八四年に設立した。二〇〇五年現在、この協議会には宣言自治体の一四%にあたる二六八自治体が参加している。そして、情報・資料の収集と交換、巡回原爆展の実施、ＮＰＴ（核不拡散条約）再検討会議への代表団の派遣事業などを行っている。

この協議会とは別に、二〇〇三年には広島市と長崎市が提案した「核兵器廃絶に向けての都市連帯推進計画」に賛同する世界の都市によって、平和市長会が作られている。当初、一〇七ヵ国、五五五都市の参加であったが、二〇〇五年には一一一ヵ国、一〇〇二都市にまで広がりをみている。二〇〇五年現在の会長は秋葉忠利・広島市長が務めている。この平和市長会もNPT再検討会議に向けた国際的活動を展開している。

このような自治体による平和外交の展開は、国家と国家の軍事的衝突としての戦争を抑制する可能性を高度に秘めている。自治体外交は、国境の壁を越えた市民と市民の草の根の外交であるからこそ、経済・技術交流にとどまらずに国際平和の追求にむけて発展しているのである。

## ◆自治体外交とNGO

自治体はこれまで述べてきたように、中央政府とは異なる「独自」の外交主体に成長しつつある。もちろん、自治体外交として展開されている多様な取り組みのなかには、政策としての体系性を備えていない場合もある。一種の「ムード」に対応して「バスに乗り遅れるな」とばかりに、各種の事業に着手している側面がないわけではない。

今日、都道府県と市のレベルにおいては、多くの自治体が「国際交流課」といった名称をもつセクションを、行政組織内に設けるようになっている。今後自治体は「自治体と自治体」(local government to local government) による外交に加えて、「市民と市民」(people to people) による外交の促進のために、自治体独自の国際政策をもつ必要がある。地方の政府として他国の地方政府との間に何をなしうるのか、そしてまた、市民と市民の国際的交流と連帯に何を援助しうるのかを、政策体系としてまとめる必要があるだろう。それによって自治体外交は、市民と市民の外交としてより一段と発展をみるであろう。

なかでも重要であるのは、市民が作るＮＧＯ（民間公益団体）の活動の援助であるといえよう。しかし、このための自治体や民間の出資による基金は、税制上の優遇措置がおくれていることもあり、必ずしも順調に進んでいない。この問題は自治体のみでは解決できないが、自治体外交・市民外交の意義を積極的に説くことによって、制度の改正をうながしていく必要がある。

同様の問題は、雇用慣行についてもいえよう。ＮＧＯの一員として、海外において技術援助などにあたりたいと考える人々も増加している。だが、そのためにはいったん退職しなければならないのが実情である。ＮＧＯ休暇、ボランティア休暇といった制度はないに等しい。これもまた自治体のみでは、解決できるものではない。ただし、自治体は、外交の実績を踏まえて、市民と市民による外交の進展に必要とされる制度改正や慣行の改善を協力して訴えていくべきであろう。それによって自治体外交は、より一段と意義を高めることができる。

## ◆国際化と分権化

地方自治の新しい展開である自治体外交の登場は、実は、日本の中央政府と自治体との関係構造に、変更を迫るものでもある。すでに述べたように、自治体外交は、地域と地域の交流を深めることによって、中央政府の外交とは異なる人と人の関係をグローバルに築きつつある。このような外交の進展は、必然的に中央政府が、国内の各地域の政治や行政さらには経済にたいして、些細な事項にわたって統制し介入する必要性を失わせるものである。しかし、それだけに、国際化時代における自治体の責任も大きくなっている。

先にも述べたように、いまや世界の国々は二国間交渉によって国際的問題の解決を図る時代から、多国間交渉や国際機関を舞台としてグローバルに問題解決にあたらねばならない時代へと入っている。14章でみた気候変動枠組条約は、その代表例である。国際条約や協定の締結は中央政府によってなされるが、その実行のためには、自治体の取り組みを欠くことができない。つまり、国際化の波は地域社会の隅々まで押し寄せている。経済的摩擦を解消するための土地利用規制や、地球環境問題を解決するための環境基準など多くの側面において、自治体もまた国際的プレッシャーを受けざるを得ない。自治体は、こうした時代の変容を認識した政策を整える必要がある。

一方、中央政府にとってもグローバルな問題解決を国際的に約束する限り、自治体を中央の末端行政機構として位置付けることはできなくなっている。国際的な約束事の履行のためには、自治体と中央政府の協議がともなっていなくてはならない。そのためにも、国際機関での交渉の場に自治体の代表を派遣するべき時代である。これらは、依然として制度的に保障されていない。国政全体の問題として改革されるべき課題である。

また、アジア諸国との自治体外交を通じて地域的経済圏を作ろうとしている自治体の間からは、一種の「フリートレード・ゾーン」構想がもち上がっている。沖縄県、北海道、環日本海の県や都市などは、こうした構想を追求してきた。東京を中心とする一国主義的経済体制からは、地域経済の発展はおぼつかない。国際的地域間の経済交流に地域経済の再生を期待するものである。この構想の実現のためには、すでに5および6章で見た画一的地方財政を大胆に分権化し、自治体の裁量権の拡大が必要とされている。これもまた今後の大きな政治課題である。いずれにせよ、国際化と分権化はメダルの両面であり、この観点からの国内システムの改革が問われている。

自治体外交の進展と国際化の波は、もはや地方自治をたんに自治体の権限や財源の充実論をもって語り尽くせない段階へと押し上げている。分権化と国際化の同時進行を与件として、地方自治の新しい役割を考えねばならない。これは決して、中央政府の役割を消極的にとらえるものではない。まったく逆に中央政府は、国内政治行政構造の分権化によってはじめて、激しく変化する国際社会に的確に対応できるであろう。この意味で、中央政府の責任は軽くなるどころか、一段と重くなるに違いないのである。

# 16 内なる国際化

## 「内なる国際化」の大切さ

前章では、最近の地方自治に見られる新しい展開として、自治体外交について考えてみた。自治体が中央政府とは異なる外交の主体へと成長しつつある意義は、繰り返し述べる必要はないであろう。しかし、国際社会の地域・自治体との交流による人々の連帯の強化は、実は、日本国内の問題でもある。国内において多くの民族が「ともに生きる」条件を創らずに、外国の地域・自治体との交流を重ねても、それは所詮、うわべだけの連帯であり交流にとどまってしまう。

二〇〇五年は「戦後六〇年」であり、戦前・戦後の日本の歩みについて、多くの議論が交わされた。とりわけ、日本の戦争責任や戦後補償問題について、その不充分さを問う声には依然として強いものがある。それは生活の場である地域社会にも影を落としている。

日本は、第二次大戦前の帝国主義的侵略政策によって朝鮮や台湾を併合した。なかでも多くの朝鮮人を底辺労働者として強制的に国内に連行した。日本の敗戦によって朝鮮の主権は回復されたが、戦後冷戦構造は、朝鮮半島に「分断国家」の悲劇を生み出した。そして日本は、朝鮮半島の一つの国家＝韓国との間に国交回復をなしたにすぎない。朝鮮半島の北半分である朝鮮民主主義人民共和国とは、国交回復交渉がテーブルにのってはいるが進展していない。こうした日本の政治の誤りと朝鮮民族の悲劇の所産として、戦後日本には、多くの朝鮮・韓国人が暮らすことになった。

朝鮮・韓国人市民に加えて、戦後日本の驚異的経済発展は、多くの外国人が日本に定住する状況を生み出した。この傾向は、とくに一九八〇年代に入って顕著となった。日本は他の「経済先進国」に見られない厳しい外国人の入国管理を行っている。出入国管理および難民認定法（入管法と略記）が認める定住外国人のみならず、いわゆる「観光ビザ」で入国し就労している東南アジア諸国を中心とした外国人も多い。彼・彼女らの就労の場は、底辺労働でありサービス産業であり、労働条件はきわめて悪いのが実態である。それでも円が国際的に準基軸通貨となり、現に「南北問題」が存在するとき、こうした傾向は強まることはあっても弱まりはしないだろう。さらにまた、第二次大戦によって中国に残留した日本人孤児とその家族の帰国も続いている。しかし、彼・彼女らへの生活援護の体制は不充分であって、劣悪な生活環境を余儀なくされている。

こうして、図16–1に見るように、外国人登録法にもとづく登録者だけをみても、日本はもはや日本人だけの空間ではない。多くの民族がこの国に暮らしているのである。しかし、日本に根強い「単一民族神話」と明治近代以来のアジア諸民族にたいする「蔑視」の感情は、依然として政治や行政に色濃く

図 16-1　外国人人口および外国人人口の割合の推移（全国，1950-2000 年）

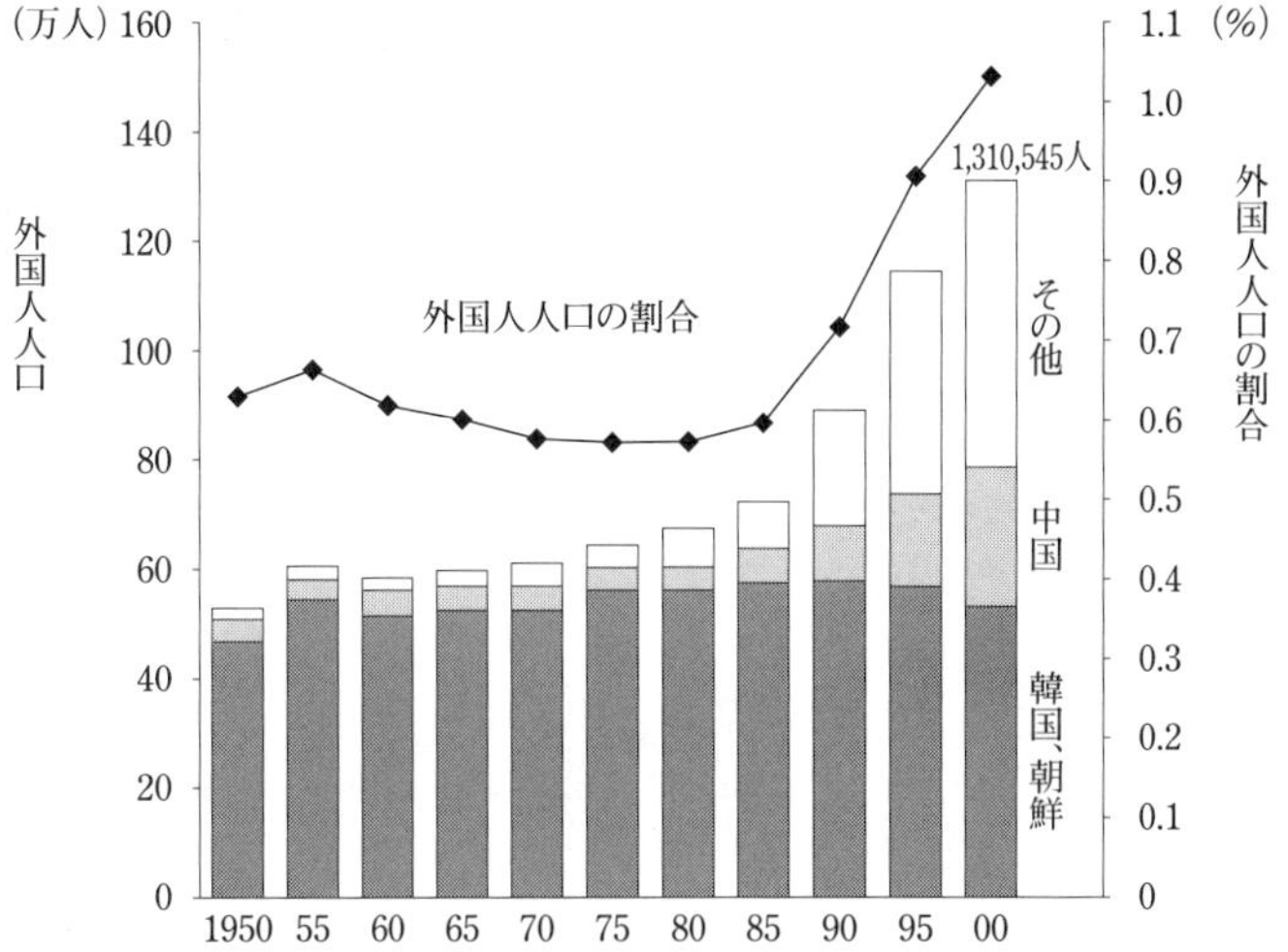


出典　総務省統計局『平成 12 年国勢調査　外国人に関する特別集計結果』(2004 年 5 月 31 日).

残り、多くの外国人市民と「ともに生きる」条件の創造を拒んできた。

近年、自治体が着手するようになった「内なる国際化」とは、排他的かつ閉鎖的な日本の社会構造への自省にたって、定住外国人が「市民」として暮らしうる条件を創り、「ともに生きる」自治体を創ろうとするものである。それは、「国際化」を外とのヒト・モノ・カネの流れとして考えがちな日本人に、最も厳しく「日本人とは何か」を問うものでもある。とはいえ、それは生活に最も密着した政府である自治体が、果たさなくてはならない政策課題であるといえよう。

## ◆社会保障にみる外国人の人権

朝鮮・韓国人をはじめとした定住外国人には、納税の義務が課されている。デモクラシーにおいて納税義務は、基本的に政治への参加の権利を保障するものである。だが、日本はこうした人々の政治参加の権利どころか、人間として生きる権利の基本について、充分な法制度を確立していない。多くの側面にわたってそれを指摘できるが、まず社会保障についてみておこう。

図16-2にみるように、日本に居住する外国人への社会保障制度が不完全とはいえ整ったのは、一九八〇年代に入ってからである。それ以前は、きわめて後進的状態にあった。たとえば、六五年に日韓条約が結ばれ日本と韓国間の戦後処理が行われた。しかし、条約の締結にもかかわらず、社会保障制度は在日韓国人に適用されなかった。

先進七ヵ国首脳会議（サミット）での強い要請を受けて日本は、一九七九年に国際人権規約に、八二年に難民条約に加盟した。これによって、図のように在日外国人への社会保障制度の適用が図られた。だが、先進国からの「外圧」によってはじめて、国内制度の修正が行われることを、どのように考えるべきだろうか。

しかも、なお残された問題は大きい。たとえば、生活保護については、措置の行政処分にたいする不服申し立てはできないとされており、それだけ生活困窮在日外国人は「弱い」立場におかれざるを得ないのである。また、難民条約は社会保障における「内国民待遇」を義務づけているが、戦傷戦没遺族援護法は、日本に難民として入国し居住する人々には適用されていない。

ところで、右の社会保障制度の適用対象は、日本に定住する外国人である。「観光ビザ」で入国し就労する外国人には、当然適用されない。しかし、彼・彼女らは現に生活しているのであり、病気・出産

**図 16-2　社会保障諸制度における外国人処遇の推移と国際人権法**

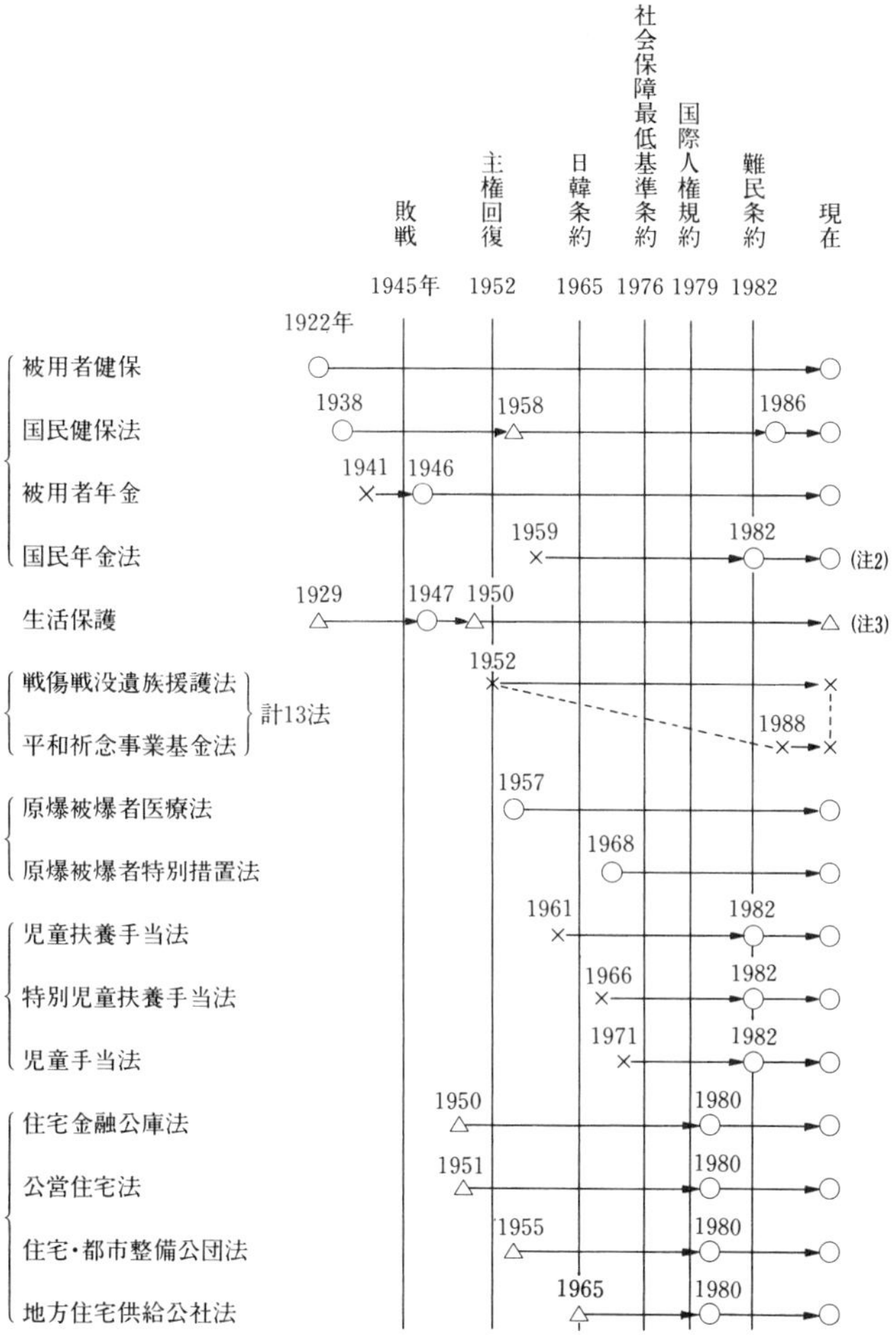


注 1　○は国籍条項がなく外国人に開放，△は国籍条項はないが運用上外国人を排除，×は国籍条項により外国人を排除.
2　国籍条項は撤廃されたが，経過措置に不充分な点あり.
3　外国人は不利益処分について不服申し立てができないとされている.

出典　武者小路公秀・長洲一二編『ともに生きる』(日本評論社，1989年) p. 261.

をはじめとした生活上の諸問題に当面する。自治体は、そのような状態が生じた時、それを見過ごすことはできない。自治体のなかには、こうしたニュー・カマー外国人の病気にたいして、行路病人法（もともとは住所不定の病人の援護が目的）を「拡大解釈」して、救済にあたっているところもある。いずれにせよ、ニュー・カマーにたいする社会保障上の対応は、まったく整っていない。

## ◆外国人住民への行政サービス

在日外国人への社会保障制度の適用には、不充分な問題が含まれているものの、これらの行政サービスの実施を担っている第一線行政機関は、中央政府ではなく自治体である。制度だけが整えられても、外国人住民が実際にどのようなサービスを受けることができるかを知っていなければ、意味をなさない。

自治体行政の責任の一つは、情報の提供にある。観光面に力点をおいた外国人へのパンフレットは、多くの自治体で発行されている。しかし、行政サービスについての情報を的確にまとめた冊子を発行している自治体は少ない。一九八二年に神奈川県国際交流課（現国際課）は、『外国人のためのくらしの情報』を発行した。これは全国の自治体でも先進的取り組みの事例である。それには、外国人住民に適用される県の行政サービス二四八項目が、日本語によって網羅されている。

最近、自治体のなかには、行政組織名に英語・中国語・ハングル表記を併記するところが増えつつある。とはいえ、外国人住民のための相談窓口を設けているところは皆無に近い。外国に目を転じるならば、そのようなことは、「常識」となっているところが多いし、複数語の通訳を配置しているのも目新しい状況ではない。外国に暮らした日本人の多くが、そのようなサービスに助けられて生活しているのであり、自らの問題として考えなくてはならないであろう。

ところで、自治体は、国の基幹的社会保障制度とは別に、身近な行政サービスとして就学案内や成人式の案内状、敬老祝いなどを実施している。しかし、田辺純夫氏が指摘するように、これらの該当者の抽出を住民基本台帳のみによっている場合には、外国人住民の該当者がこぼれ落ちてしまう。なぜならば、外国人に住民票はなく外国人登録のみであるからである（「在日外国人の問題状況」松下圭一編著『自治体の国際政策』学陽書房、一九八八年）。自治体の情報検索システムにも、改善されるべき点が多々ある。

## ◆自治体職員の採用問題

在日朝鮮・韓国人や中国人の場合には、すでに三世・四世の世代がこの国に暮らしており、彼・彼女たちは日本語になんら不自由しない状態にある。在日外国人の就職には、なお多くの差別が残っているが、それは民間企業のみではない。自治体職員、国家公務員の採用においても同じことである。

地方公務員の場合、受験資格に日本国籍を必要とする法的規定はなく、自治体の人事委員会において、それぞれ定めるものとされている。しかし、自治省（現総務省）は、意思決定にかかわる職員（一般職職員）については、日本国籍をもつ者に限るように厳しく指導してきた。こうした指導もあって実際には、多くの自治体が受験資格に国籍条項を設けた。

このようななかで、在日朝鮮・韓国人が数多く居住する関西地区の基礎自治体から、国籍条項の見直しが行われるようになった。尼崎市、西宮市、川西市、八尾市、豊中市などが、一般事務職、技術職を含め外国人住民に門戸を開いている。神奈川県逗子市も、一九九二年四月に在日韓国人を一般職職員として採用した。

一九九六年三月、橋本大二郎高知県知事は、九七年度の職員採用から外国人住民に一般職公務員試験の受験機会の開放を決め、自治省との交渉に入った。ほぼ時期を同じくして川崎市の高橋清市長も、外国人住民に一般職公務員への道を開くことを決め自治省と協議を開始した。だが自治省は、国籍条項は「当然の法理」なる内閣法制局見解を掲げて、これらの人事政策に否定的態度を示した。この結果、高知県は、当面国籍条項の削除を控えることにし、機会の開放を断念した。一方の川崎市は、将来の管理職への登用に制限を課したうえで、一般職公務員試験から国籍条項を削除した。

このような動きに押されてか、一九九六年一一月に白川自治相（当時）は、「川崎方式」を前提として、一般職公務員の採用試験に当たって国籍条項を削除することに問題はないと表明した。これを受けて九六年一二月に神戸市長は、九八年度の職員採用から外国人住民に一般職公務員への道を開くことを表明した。また神奈川県知事も九七年一月に、将来の管理職登用にも制限を加えることなく、外国人住民に一般職職員採用試験の機会を開くことを明らかにした。このような動向からは、近い将来に都道府県・政令指定都市レベルの多くにおいて、外国人住民に公務員採用への道が完全に開かれるといってもよいのではないだろうか。

## ◆自治体政治への参加の保障

これまで見てきたように、外国人住民の生活保障は、決して充分な条件を備えるものではない。こうした条件の整備は、「内なる国際化」の実現のために、自治体のみならず中央政府が一体になって進めなくてはなるまい。その際に最も重要な課題は、外国人住民に政治参加の機会を制度的に保障することである。

スウェーデンでは、一九七六年の地方選挙から在住外国人に参政権を付与しており、滞在三年以上で満一八歳に達していれば、選挙権・被選挙権を行使できる。デンマークでは七七年に、スカンジナヴィア国籍保有者に自治体議会議員選挙での選挙・被選挙権が認められ、さらに八〇年から全外国人に拡大されている。またオランダでも、八五年に自治体レベルでの選挙・被選挙権が、在住外国人に認められている。日本においても、九〇年代末に公職選挙法を改正し、定住外国人に地方選挙権を付与する動きが高まった。しかし、政権党内の合意が得られないまま今日に至っている。

先にも述べたように、納税義務を課すことは、政治への参政権の保障と一体でなくてはならない。だが、この問題は、公職選挙法の改正を必要としており、自治体のみでは解決できない。日本の政治が全体として早期に実現すべき課題である。

このような現実を前にして、川崎市は一九九六年に、市への政策発議や問題解決の提言の場として、「外国人住民会議」を条例で設置した。市もその意見を最大限保証するとしている。これは現状に照らすとき、外国人住民の政治・行政参加の画期的システムといってよい。また、二〇〇〇年以降の市町村合併の進行を受けてその賛否を問う住民投票が各地で実施された。そのなかには、滋賀県米原町（現米原市）をはじめとして投票権者に定住外国人を加えたところがある。また、神奈川県大和市の自治基本条例（二〇〇四年）は、住民投票を実施する際に定住外国人を投票権者に加えることを定めている。

### ◆外国人登録制度

「内なる国際化」の遅々たる進展状況は、別段、自治体のみの責任ではないのである。日本の政治が、ほとんどすべての側面にわたって、外国人住民を「ともに生きる住民」としてとらえていないことに根差す、と言わなくてはならないであろう。この一つの典型的法制度は一九五二年に制定された外国人登録法である。

この法律は「外国人の居住関係及び身分関係を明確ならしめ、もって在留外国人の公正な管理に資することを目的とする」としている。そして、外国人登録証の常時携帯・提示義務、職業・勤務先の登録、顔写真の提出、五年ごとの確認申請に加えて、指紋押捺を義務づけてきた。まさにこれは、法の目的どおりに定住外国人にたいする「警察的管理」のための法制度という以外にない。

外国人登録制度自体もさることながら、指紋押捺義務は人権の侵害として国際的に批判されてきた。外国人登録事務は、二〇〇〇年四月の地方分権改革まで市町村長を法務相の地方機関とする機関委任事務であった。機関委任事務時代には、市町村長は法令および法務省の規則や通達にもとづき事務を執行することを義務づけられた。だが、人権問題に敏感な市町村長は指紋押捺の強制に苦慮した。一九八五年、当時の東京都町田市長や川崎市長は、法務省にたいして強く抗議したが、事態の改善をうながすに至らなかった。その後、一九九二年六月に前年に行われた日韓協定の見直しを受けて法改正され、「永住者」については指紋押捺制度が廃止された。それに代わるものとして署名と家族事項の登録が新設された。

外国人登録事務が法定受託事務へと改められた今日でも、指紋押捺制度は全面的に廃止されたわけではない。また常時携帯義務も緩和されていない。携帯義務に違反すると一〇万円以下の行政罰、提示義務に反すると一年以下の懲役ないし二〇万円以下の罰金が科される。外国人登録制度は、内なる国際化の観点から国際的標準に合わせた改革を必要としていよう。

## ◆外国人住民とボランティア

先にも述べたように、入管法は日本における外国人の就労を厳しく制限している。だが近年、観光ビザ、留学生ビザによって入国し、いわゆる「単純労働」に就労する外国人は増加の一途にある。この結果、労働現場にはこのような労働者の人権、労働権をまったく無視した事態が次々に起きている。外国人労働者が雇用について正当な権利を求めても、入管法上「不法就労」として国外退去が結末であるとき、外国人労働者は雇用主の「不当な扱い」を、堪え忍ぶ以外にないのである。外国人労働者のみならず中国から帰国した戦争孤児たちの生活も、決して安定していない。言語教育、就労の機会や住宅の保障など、いずれの側面をみても行政体制は充実していない。

外国人労働者や帰国者への援護は、市民のボランティア活動として行われているが、しかし、入管法の改革が行われ「正当な就労」とされない限り、援護のボランティア活動の限界も大きい。その意味では、入管法の改正が国政レベルで問われている。

とはいえ、たとえ入管法が改革されても、この国に「排外主義」的思考が強く残るならば、そこには日本人と外国人との「棲み分け」が生じるにすぎない。自治体は自らの行政上の改革に加えて、市民活動を積極的に支援することを通じて、地域における人々の連帯の輪を広げていく必要がある。自治体の多くは、ボランティアやNPO支援センターを設け、多様な市民活動を支える傾向にある。だが、一部の自治体では外国人住民による犯罪増加をあげて治安の強化を図ろうとする動きが顕著となっている。「治安こそ福祉」（石原慎太郎・東京都知事）というが、論理は逆でなくてはなるまい。「ともに生きる」社会の構築（福祉）こそが、治安を回復すると考えるべきである。

### ◆重要性を増す「内なる国際化」

「経済大国」日本の市民として、外国に出かける機会はビジネスからレジャーまでを含めて、今後一層増加していくだろう。だが、それは国際化の一断面ではあっても、私たちに民族、歴史、文化を越えて人と人が交流する「国際化」の条件をもたらすものではない。この国内において多くの民族と「ともに生きる」条件を積極的に創ってはじめて、日本の「国際化」も本当のものとなる。これまでに述べてきたように、「内なる国際化」は、着手されたばかりであり、多くの未解決の問題を残している。いまや地方自治は、たんに権限や財源の充実による「まちづくり」を語るだけではなく、多くの民族が「ともに生きる」ための「まちづくり」を追求しなくてはならない。いま時代は、着実にそれを自治体に求めているのである。

# ◆17 NGO・市民運動

## ◆市民運動からNGOへ

今日の地方自治を支える二本の柱は、団体自治と住民自治であり、また住民自治を具体化するうえで、最も重要な役割を果してきたのは住民運動であり市民運動であった。住民運動は何よりもまず地域住民の運動であるから、地域による制約を受けざるを得ないであろう。それは、たとえば、自分の住んでいる地域の環境を汚染する恐れのある施設の建設には反対するが、同じ施設が他の地域に建設されることには必ずしも反対しない。しかし、住民運動が発展すると、こうした地域的制約を超えて、他の地域の運動にも関心を寄せるようになる。あるいは、自分が住む地域の環境を守るためには、他の地域の環境も守る必要があることに気付くようになる。こうして、住民運動の目標はだんだんと普遍的になっていき、住民運動は市民運動に発展していくのである。

市民運動は、市民の自主性にもとづく運動であるから、地域による制約は受けないが、多くの場合、その対象は国内に限られており、国境を越えて拡大していくことはなかった。しかし、運動の目標を普遍化する努力をさらに続けていけば、やがて国境の壁を越えていくことになるであろう。たとえば、地域の環境を保全することから、日本の環境を保全することへ、さらには地球全体の環境を保全することへと、運動の目標が拡がっていくことになる。あるいは、日本国内の問題を直接に取り上げるのではなくて、第三世界で飢餓や貧困に苦しんでいる人たちへの救援活動に従事しながら、それを通じて逆に日本の問題を考えるといったかたちもありうるであろう。国際化の時代には、市民運動もまた新たな展開を遂げることになる。

市民運動のような民間の組織が国際的に活動するときには、NGOとよばれることがある。NGOは、Non-Governmental Organization の略で、IGO（International Governmental Organization）と対比される。IGOは文字通り政府間国際組織であり、国家によって創出され、政府の代表によって運営される。国際社会が国家を単位として構成されていたときには、国際組織はほとんどすべてIGOであった。NGOのなかには、宗教組織（ローマ・カトリック教会など）や思想団体（第二インターなど）のように、古い歴史をもつものもあるが、その活動が注目されるようになったのは、むしろ最近のことである。それは国際社会が国家を単位として構成される集団から、国家以外の組織や個人をも構成員として含む、より多元的な集団へと変容したことに関連している。

国家と国家との関係は international であるが、国家以外の構成単位が作る関係は transnational である。transnational な関係を構成する組織のなかで、営利的な事業を行っているのが多国籍企業であり、非営利的な活動に従事しているのがＮＧＯであるといってよい。広い意味では、多国籍企業もＮＧＯに含めることがあるが、最近では非営利的でむしろ公益的な活動を行っている集団だけをＮＧＯとよぶことが定着しており、ＮＧＯの訳語としても「民間公益団体」が用いられるのが普通になっている。

ＮＧＯがめざす公益は多様であり、その数も正確にはとらえがたい。ＮＧＯは国境を越えて活動する団体であるから、そこで追求される公益も当然に国境を越えたものであろう。馬場伸也氏は、それを人類益（human interest）と名付け、具体的には「①核兵器を含むすべての軍備と戦争からの解放（永遠平和の確立）、②飢餓や貧困からの解放（全人類の経済的福祉の確立）、③環境破壊からの解放（自然と人間の調和の確立）、④そしてなかんずく、人間性の解放（人格の尊厳の確立）」の四点を挙げている（初瀬龍平編『内なる国際化』増補改訂版、三嶺書房、一九八八年、一八三頁）。こうした四つの目的に応じて、ＮＧＯのなかにも平和運動、経済的援助活動、環境保全運動、人権擁護運動などを見出すことができるが、最近とくに注目を浴びているのは、多様な援助活動にたずさわっているＮＧＯであろう。援助の対象は第三世界の諸国であり、南北という区別でいえば、南の世界に属する諸国である。

### ◆日本のＯＤＡ予算

こうした第三世界の諸国にたいしては、各国の政府による開発援助が行われており、政府開発援助（ＯＤＡ）とよばれている。ＯＤＡには、国際機関向けのものと二国間のものとがあり、二〇〇五年度でみると、日本のＯＤＡ予算七八六二億円のうち、二国間ＯＤＡが八七・九％、国際機関向けが一二・

**図17-1　2005年度 一般会計ODA予算**

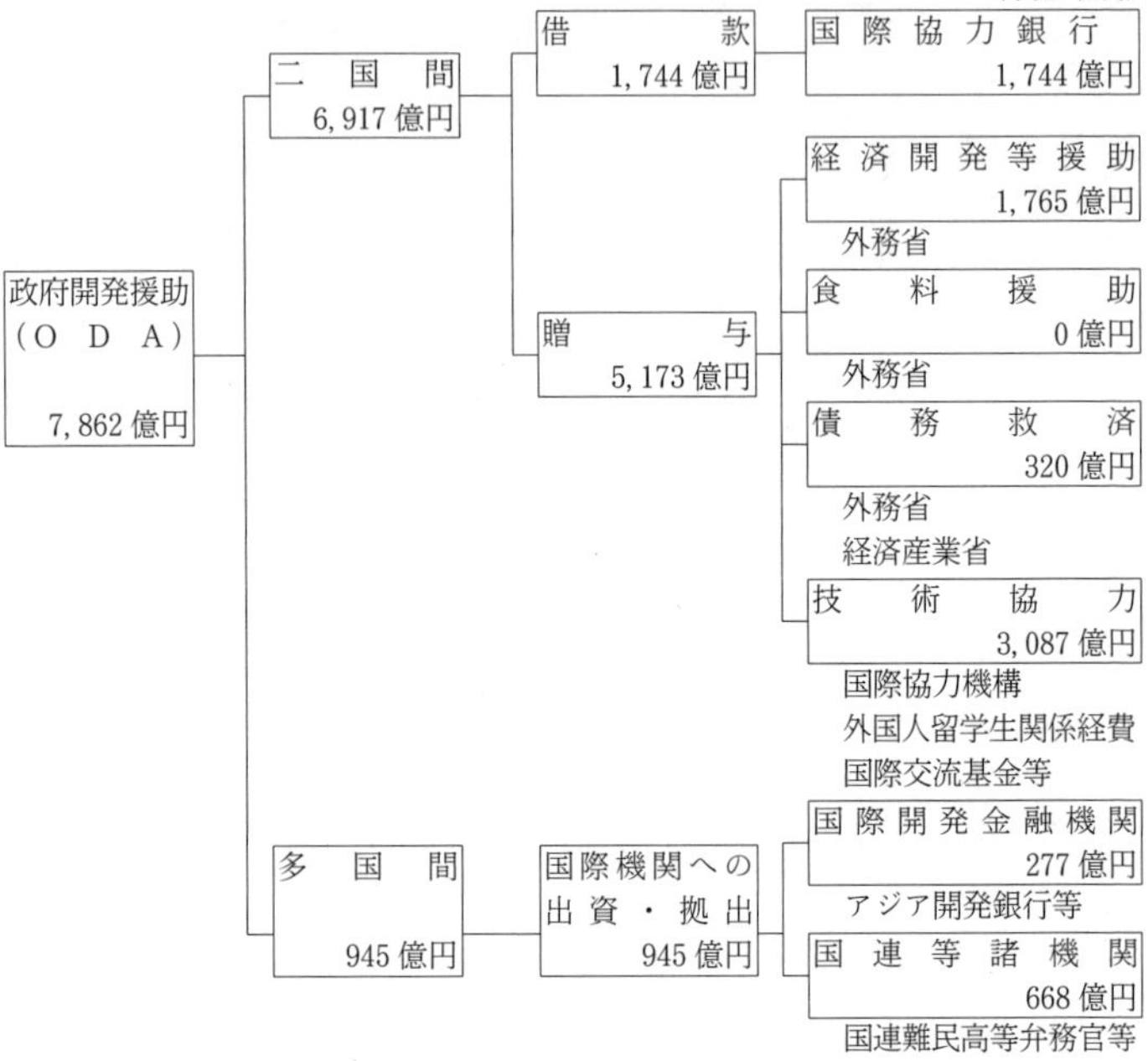


注　計数は政府案.
出典　財務省『平成17年度予算のポイント　ODA』(2004年12月24日).

〇％の割合になっている（図17-1）。二国間ODAには贈与（無償資金協力と技術協力）と借款（有償資金協力）とがあるが、今日では、技術協力、経済開発等の援助などの贈与が大きな割合を占めている。

経済協力開発機構・開発援助委員会（OECD―DAC）の統計によると、一九九一年から二〇〇〇年までの一〇年間の実績で、日本の援助額はDAC諸国のなかで一位の規模にあった。日本のODA予算は、一九九七年度をピークとして削減されているが、それでも援助「大国」であることには変わりない（図17-2）。

図 17-2　ODA 予算と一般歳出の水準（推移）

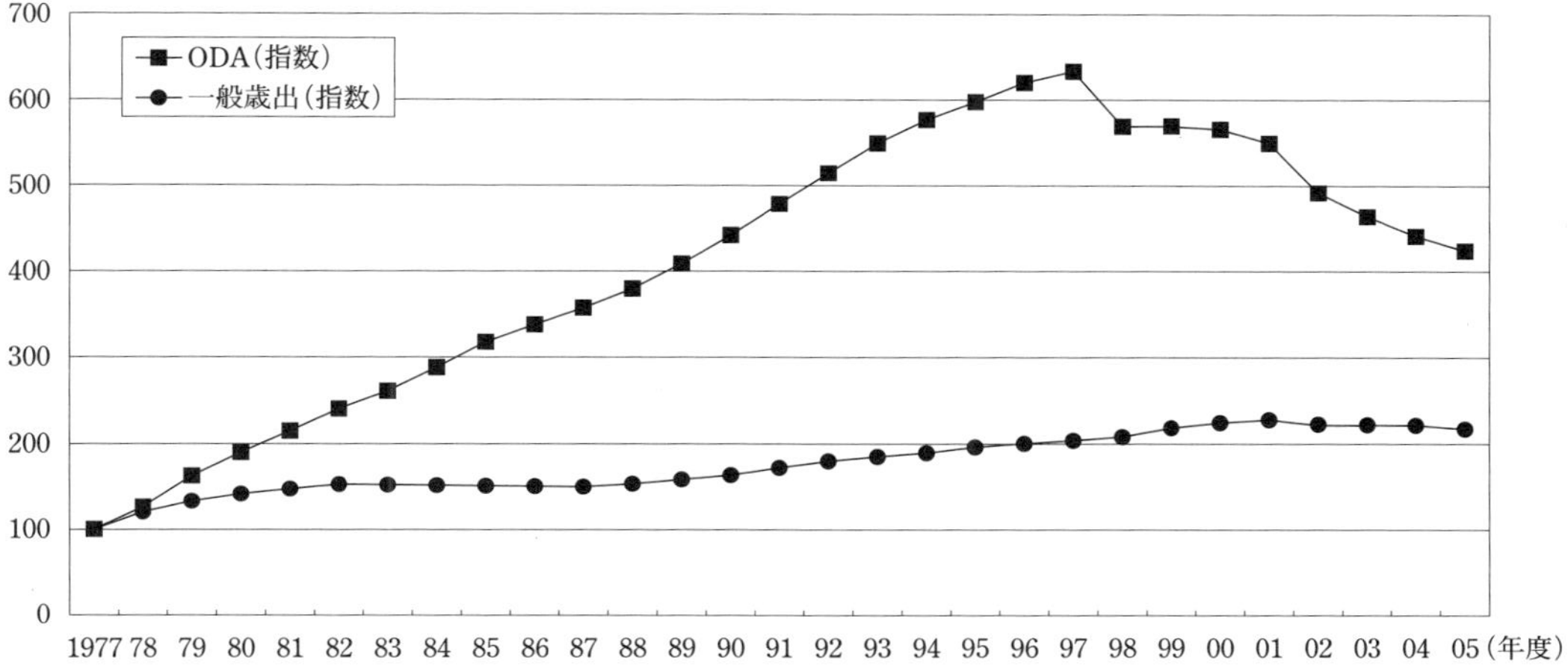


| | 1977年度 | 1982年度 | 1987年度 | 1992年度 | 1997年度 | 2002年度 | 2005年度 |
|---|---|---|---|---|---|---|---|
| ODA | 100 | 239 | 356 | 515 | 632 | 493 | 425 |
| 一般歳出 | 100 | 151 | 151 | 180 | 203 | 221 | 220 |

注　1977 年度（第一次 ODA 中期目標の基準年度）を 100 とした場合の当初予算額の指数.
出典　図 17-1 に同じ.

国連では、かつて八五年までに各先進国がGNPの〇・七％をODAに振り向けるよう提言し、さらにできるだけ早く一％の目標を達成することを求めていた。現在、この〇・七％という目標を達成しているのは、デンマーク、ノルウェー、スウェーデン、オランダの四ヵ国だけである。日本のODAもこの〇・七％という目標の実現に向けてなおいっそうの努力が求められているといえよう。

日本のODAの特徴としては、これまで次の三点が挙げられてきた。

第一に、ODA全体のなかで借款の占める比率が高いことである。グラント・エレメント（援助条件の緩やかさを測る指標。金利一〇％と仮定した商業条件の借款をG・E・〇％とし、金利、返済期間、据置期間が緩和されるに従ってG・E・の％が高くなり贈与は一〇〇％となる）を見るとDAC平均が九二・一％であるのにたいし、日本は八二・三％であって、DAC構成国中最低位の二一位である（数字はいずれも、九四・九五両年の平均値）。

第二に、しかし、タイドエイド（ひもつき援助）の比率は低く、アンタイド化が進んでいる。タイド比率は援助国のなかでただ一つ一〇％台である。日本の場合も、他国と同様、贈与に関しては、タイド比率が高いが、借款に関しては、タイド比率はほとんどゼロに近く、しかも贈与の比率は低いため、全体としてのタイド比率は著しく低くなっているといえよう。ただ、借款に関しても、かつてはタイド比率が著しく高かった時期もあり、アンタイド化が進んだのは八〇年代後半に入ってからである。

第三に、日本のODAは要請主義を原則としており、相手国からの要請があってはじめて援助を行うという方式をとっている。要請主義をとる理由は、一九九〇年版『我が国の政府開発援助』（外務省経済協力局編）によると、「我が国は、援助に当たって開発途上国の自助努力を支援することを重視し、援助の内容についても、我が国自身の考え方を押しつけるのではなく、先方の要請をベースに我が国が取捨選択するという対応を基本とするとともに、原則として、援助に政治的な条件をつけることを内政干渉の見地より差し控えてきた」からであるとされている。

## ◆新ＯＤＡ大綱と重点化

こうした日本のＯＤＡの特徴を総合して、とくに日本的といえる特性を挙げるとすれば、それは開発途上国の自助努力を支援するための援助といってよいであろう。その中心は、元本・利子の返済を必要とする借款であり、借款の対象は道路、鉄道、橋梁、港湾、灌漑、発電所、送電設備など経済の基盤整備であり、主要な対象国はＮＩＥＳ、ＡＳＥＡＮ、中国などのアジア諸国である。こうした援助のあり方にたいしては、さまざまな批判が加えられてきた。論点は第一に、日本の援助が必ずしも最貧国に向けられていないとの批判であった。第二に、ＯＤＡによる援助は主として大型開発プロジェクトに向けられ、それぞれの国内の最も貧しい人々の生活を向上させることには、必ずしも充分に役立っているとはいえない。こうした傾向は他の国のＯＤＡにもみられるが、借款の比重が高いわが国の場合とくに著しい。第三に、ＯＤＡによる援助は、開発にともなう環境汚染にたいして充分に配慮していない。現在、第三世界では熱帯林の消滅や土壌の流失など深刻な環境破壊が進行している。ＯＤＡによる大規模開発は、こうした環境破壊を加速している場合も少なくない。

こうしたＯＤＡにたいする批判を受けて日本政府は、二〇〇三年八月に、従来のＯＤＡ大綱（一九九二年）を改定した「新ＯＤＡ大綱」を閣議決定した。そして、ＯＤＡの重点化と効率化を図るとした。国内的にいえば、財政危機の深刻化に対応してＯＤＡ予算を削減せざるをえない状況を踏まえてのものだが、同時に従来の日本のＯＤＡ政策への批判に対応するものであったのも事実である。

新ＯＤＡ大綱のもとでは、より短期間のＯＤＡ政策の指針として「政府開発援助に関する中期計画」（「ＯＤＡ中期計画」）、さらに各国別の日本の援助計画として、具体的案件設定の指針と「国別援助計画」を策定し、対象国や地域の実態に合わせた援助を行うことが明記された。ＯＤＡ中期計画も国別援助計画も新ＯＤＡ大綱以前から策定されているが、改めて強調されたのは、政府機関の一体性を図ることに加えて、とくに国別援助計画の策定については、現地で活動する多様な集団の活用を図ることであった。したがって、ＪＩＣＡ（国際協力機構・旧国際協力事業団）、国際協力銀行などの政府関係機関のスタッフばかりか、現地で活動するＮＧＯスタッフにも積極的参加を求めるとされた。

また、今後のＯＤＡの重点課題として、①貧困の削減、②持続的成長、③地球環境問題への取り組み、④平和の構築などが掲げられた。ある意味で、新ＯＤＡ大綱のもとの政策基調は、一九九〇年代後半から徐々に変化を示していたＯＤＡ政策を改めて政府指針として打ち出したものといってよい。実際、一九九六年から二〇〇〇年におけるＤＡＣ加盟国の水分野の協力のうち三分の一を日本のＯＤＡが支え、約四〇〇〇万人以上に安全な飲料水と衛生的な下水道の普及を支援した。また、一九九三年から二〇〇一年までに日本は六億人の子どもたちにポリオ・ワクチンを供給し、とくに西太平洋地域におけるポリオ絶滅（二〇〇〇年達成）に貢献している。

日本のODAが最貧国などの社会開発に向けて重点的に投下されていくかどうかは、断言できない。だが、このような変化は、グローバルに問題視されている国際公共財の充実に関する先進国の責任の表れとして評価しておきたい。しかし、こうした政策を強化していくためには、国別援助計画にもみられるように、さまざまな地域で活動し現地の実情を把握しているNGOとの協力体制を不可欠としていよう。

## ◆日本のNGO

すでに指摘したように、ODAによる援助が、南の世界に住む貧しい人々の福祉と環境を改善するのに直接貢献しているか否かには疑問が提示されてきた。これにたいして、NGOの活動が大きな意味をもつのは、援助を南の世界に住む最も貧しい人々に直接に届けようとしていることにある。NGOの活動が活発なのは当然LDC（後発開発途上国）の諸国においてである。そこでは、北の諸国のNGOが、南の諸国のNGOと連携しながら活動していることも少なくない。NGOは民衆相互間の連帯を作り出しながら、南北問題を解決しようとする試みということができる。日本のNGOの運動は歴史も浅く、まだ欧米諸国の水準に達しているとはいえないが、しかし困難な状況のなかで忍耐強く活動しているNGOがあることも忘れてはならない。

その一つに、一九七二年に設立された日本のNGOの草分けともいうべき「シャプラニール」がある。

同年春、日本の青年五〇人がバングラデシュに派遣された。独立直後のバングラデシュで、倉庫に眠っている日本製の耕運機を活用するためであったが、現地におもむいた青年たちは、耕運機が実際の農耕にそれほど役立たないし、とくに貧しい農民の役には立たないことを知る。帰国後、この青年たちはバングラデシュに最も必要な救援活動とは何かを話し合って、HBC (Help Bangladesh Committee) を設立した。そして、バングラデシュの子どもたちにノートと鉛筆を贈るための街頭募金を始めるのである。その後、HBCは日本で集めた募金を用いて、現地に日本人を派遣し、教育や医療の活動を始めたが、今日では現地での活動はもっぱら地元の人が中心になって進め、日本の会員は資金面その他で協力するかたちになっている。名称も「シャプラニール」(ベンガル語で白い蓮の家の意) と変えたが、それは「ヘルプ」という語がもつ不遜な響きを避けるためであったという。現在、「シャプラニール」の会員数は約二九〇〇名、その会員が納める会費や一般から集めた募金、さらに事業収入が「シャプラニール」の活動を支えている。

第三世界への援助活動を進めているNGOとして見落とすことができないのは、「日本国際ボランティアセンター」(JVC) であろう。JVCは一九八〇年二月にバンコクで誕生したが、その出発点になったのは、その前年タイ・カンボジア国境でカンボジア、ベトナム、ラオスからの大量の難民を目撃した数名の日本人が始めた難民救援事業であった。本部は現在では東京に移されているが、アフリカのエチオピアとソマリア、アジアのタイ、カンボジア、ラオスで活動してきた。最近では、アフガニスタン、イラク、パレスチナなどの紛争地域でも活動している。具体的なプロジェクトには、初期には、

「バンコクの高速道路の延伸によって立退きを迫られるスラム住民に対する支援、タイ東北部においてユーカリなどの換金作物経済に対抗して、複合経営農業を試みる農民に対する支援、ラオスにおける、農村女性のための生活改善学習センターの設立、そしてカンボジアにおいては、他の国際的NGOと協力してカンボジア政府に対するNGO助言委員会の設立、国連機関と密接な連携をはかりながら難民の本国帰還」など（岩崎駿介「NGOの挑戦」『世界』一九八九年一〇月号、六四頁）であるが、人道援助・緊急援助、紛争が終わった地域での地域開発協力など幅広く活動している。また二〇〇四年末の津波被災についてはタイ南部で復興協力にあたっている。ここでも、目標とされているのは、現地の住民が自立することであり、NGOの活動はそのための助力をすることにあるとされている。

この二つのNGOは、飢餓や貧困からの解放をめざす組織の例であるが、人間性の解放をめざすNGOに関しても触れておく必要があろう。それは、「アムネスティ・インターナショナル日本支部」である。アムネスティ（amnesty）とは「恩赦」の意味で、「アムネスティ・インターナショナル」の目的は、①世界中の「良心の囚人」（政治・宗教などの信条や人種、皮膚の色、言語、性などを理由として政府により囚われている非暴力の人々）の釈放を求めること、②政治囚への公正ですみやかな裁判を求めること、③すべての拷問や死刑に反対すること、の三つである。「アムネスティ・インターナショナル」は、国連で採択された世界人権宣言を活動の根拠としており、国連の諮問機関の地位を得ている。世界一五〇ヵ国に五〇万人以上の会員をもち、一九六一年に発足して以来、二万五〇〇〇名以上の「良心の囚人」の釈放に成功して、七七年にはノーベル平和賞を受賞した。八四年に「拷問禁止条約」が国連総会を通過したが、その成立にも大きな貢献をしている。その日本支部には、二〇〇五年現在一〇二のグループと二〇一一名の個人会員と二六五七名の賛助会員がおり、「アムネスティ・インターナショナル」の活動を財政的に支えるとともに、「良心の囚人」の釈放のために熱心な活動を続けている。

このような個々のNGOによる活動に加えて、NGOは二〇〇〇年にジャパン・プラットホームなる連合体を結成し、緊急支援活動を担うようになった。また紛争地に放置された地雷の除去を目的として結成された地雷禁止国際キャンペーンなる国際的NGOの日本支部として、同日本キャンペーンが作られ、NGO間の連携を強化している。

## ◆NGOとODA

NGOの重要性は今や全世界から認められており、北の諸国でも各国の政府がODAの資金の一部をNGOを通して執行している場合が少なくない。日本でも一九八九年度から、ODAの資金でNGOの活動を支援する「NGO支援無償」の制度が設けられている。二〇〇五年度には二九億円が支出されている。また「草の根・人間の安全保障無償資金協力」の制度では、開発途上国の自治体やNGOに、小規模プロジェクトのための資金を提供しており、二〇〇五年度には一四〇億円が予算計上されている。日本の政府も、NGOがODAを補完する機能をもつことを認め始めている。

実際、表17-1にみるように、NGOと政府との連携の歩みが進んでいる。とりわけ、「草の根・人間の安全保障無償資金協力」を有効に展開するためには、NGOとの連携を欠くことができない。この事業の立案と実施を主として担っているＪＩＣＡは、自らの現地スタッフに加えて、ＮＧＯとのパートナーシップを築こうとしている。ＯＤＡ予算のうちＮＧＯの活動を支える部分については、ＮＧＯの財政上からもメリットがある。一般的にいって、日本社会のＮＧＯへの理解は高いとはいえない。ＮＧＯに参加し活動している人間は増えてはいるものの、有償スタッフを充分に整える状態には至っていない。資金面においてＯＤＡのＮＧＯ補助に関する部分は、ＮＧＯの資金安定に寄与するともいえる。しかし、政府資金への依存は、政府の政策が変更されたとき、組織自体の存続問題を引き起こさざるを得ない。また、政府資金への依存は、ＮＧＯ活動を特定の地域における活動へと偏らせてしまうこともあろう。税制の改革（寄付の税額控除）などのＮＧＯ資金の安定方策が追求されねばなるまい。

こうした課題に加えて、ＮＧＯとＯＤＡの関係は、つねにパートナーシップの強化につながるとはいえない。国がどのように草の根からの社会開発を追求しようとも、そこには世界政治のパワーポリティックスが影響せざるを得ない。アフガニスタンやイラクの復興に関するＮＧＯの指向は、あくまで住民の生活の安定を追求することであり、アメリカとの同盟関係を重視する政府の復興援助政策とは次元を異にせざるを得ない要素を、本質的にはらんでいる。

それだけに、15、16章でも述べてきたように、今日の自治体は国境を越えた問題に直面せざるを得なくなっている。地域の住民も国際的な問題に視野を広げねばならなくなっている。ＮＧＯの活動はこのような動きを具体的に表すものである。自治体には技術協力の人材やノウハウが蓄積されている。ＮＧＯの活動を支えていくことは自治体の新しい時代の責任であるといってよい。

**表 17-1　NGO との連携の歩み**

| 年度 | 外務省と NGO の連携 | JBIC，JICA 等と NGO の連携 |
|---|---|---|
| | 1970. 4 政府開発援助海外技術推進民間団体補助金開始 | |
| | 1971. 4 外務省地方公共団体補助金制度開始 | |
| | 1989. 4 草の根（小規模）無償資金協力，NGO 事業補助金制度開始 | 1989. 4 NGO 等農林業協力推進事業開始（農林水産省） |
| | | 1991. 1 国際ボランティア貯金開始（総務省） |
| | | 1992. 4 NGO 国際建設協力支援事業（国土交通省） |
| | | 1993. 5 地球環境基金助成金（環境省・農林水産省・経済産業省・国土交通省） |
| | 1994. 4 NGO 事業補助金（国際ボランティア補償支援制度）開始 | |
| | 6 外務省経済協力局に民間援助支援室を設置 | |
| | 12 GII/IDI に関する外務省と NGO 懇談会開始 | |
| | 1996. 4 NGO・外務省定期協議会開始 | |
| | 1997. 4 NGO・外務省共同評価開始 | 1997. 4 財務省・NGO 定期協議会開始 |
| | | 1997. 4 JICA，開発福祉支援事業開始 |
| 1998年度 | | 4 JICA，開発パートナー事業開始 |
| | | 4 NGO・JICA 定期協議会開始 |
| | | 4 NGO-JICA 相互研修開講 |
| | | 12 NPO 法成立 |
| 1999年度 | 4 NGO 活動環境整備支援事業導入 | |
| | 4 NGO 相談員開始 | |
| | 4 NGO 専門調査員開始 | |
| | 4 NGO 事業補助金・NGO 海外研修支援制度開始 | |
| 2000年度 | 4 草の根文化無償創設 | 4 JICA，小規模開発パートナー事業開始 |
| | 4 NGO 緊急活動支援無償開始 | |
| | 8 ジャパン・プラットフォーム設立 | |
| 2001年度 | 4 分野別 NGO 研究会開始 | 4 JICA，NGO 人材育成研修開始 |
| | 4 NGO キャパシティー・ビルディング海外短期研修開始 | 4 JICA，本邦 NGO の海外現場への技術者派遣開始 |
| | 4 NGO 事業補助金に事業促進支援事業を導入 | 4 JICA，NGO 体験プログラム（NGO インターン）開始 |
| | | 4 NGO・JBIC 協議会開始 |
| | | 8 JBIC，提案型・発掘型案件形成調査についての公募を実施 |
| | | 10 認定 NPO 法人制度開始 |
| | 12 教育協力 NGO ネットワークとの非公式懇談会開始 | |
| | | 2002. 2 NGO・JBIC 1 日交流セミナー開始（JICA，開発福祉支援事業，開発パートナー事業，小規模開発パートナー事業の募集を終了） |

| 年度 | 外務省とNGOの連携 | JBIC，JICA等とNGOの連携 |
|---|---|---|
| 2002年度 | 6 日本NGO支援無償資金協力開始<br>11 国際協力NGOインターンシップ・プログラム開始<br>11 NGO・外務省定期協議会「連携推進委員会」開始<br>11 NGO担当大使ポスト設立<br>12 NGO・外務省定期協議会「ODA政策協議会」開始 | 4 NGO-JICAジャパンデスクの設置<br>4 JICA，PROTECO（提案型技術協力）開始<br>9 JICA，草の根技術協力事業開始<br>12 税制改正大綱（NPO税制の改善）<br>2003. 1 JBIC，国民参加型援助促進セミナー開始 |
| 2003年度 | 4 国別NGO研究会開始<br>4「草の根無償資金協力」を「草の根・人間の安全保障無償金協力」に改称<br>7 食糧増産援助（2KR）に関するNGO等との意見交換会開始<br>9 NGO相談員連絡会議開始<br>2004. 3「緊急人道支援における評価手法セミナー」実施 | 10 JICA独立行政法人化 |
| 2004年度 | 5 NGO・外務省定期協議会「全体会議」開始 | 4 JICA組織改編 |

出典　外務省『ODA資料白書2004』外務省ホームページ（2005年9月現在）

# 参考文献


## 地方自治全般

松下圭一・西尾勝・新藤宗幸編『岩波講座　自治体の構想』（全5巻）岩波書店、二〇〇二年。

松下圭一『日本の自治・分権』岩波新書、一九九六年。

田村明『自治体学入門』岩波書店、二〇〇〇年。

新藤宗幸『地方分権』（第2版）岩波書店、二〇〇二年。

西尾勝『未完の分権改革』岩波書店、一九九九年。

東京市政調査会編『分権改革の新展開に向けて』日本評論社、二〇〇二年。

鳴海正泰『自治体改革のあゆみ』公人社、二〇〇三年。

森田朗編『新しい自治体の設計1　分権と自治のデザイン』有斐閣、二〇〇三年。

日本経済新聞社編『都市　誰のためにあるか』日本経済新聞社、一九九六年。

日本行政学会編『分権改革』（「年報行政研究」31）ぎょうせい、一九九六年。

山口二郎編『自治と政策』北海道大学図書刊行会、二〇〇〇年。

## 首長の役割／地方議会

西尾勝（編著）『自治改革5　自治体デモクラシー改革——住民・首長・議会』ぎょうせい、二〇〇五年。

大森彌『新版　分権改革と地方議会』ぎょうせい、二〇〇四年。

長洲一二『地方の時代と自治体革新』日本評論社、一九八〇年。

早瀬圭一『痛快ワンマン町づくり』新潮社、一九八九年。

田中成之『改革の技術——鳥取県知事・片山善博の挑戦』岩波書店、二〇〇四年。

高畠通敏『地方の王国』潮出版社、一九八九年。

江藤俊昭『協働型議会の構想』信山社、二〇〇四年。

新藤宗幸（編著）『住民投票』ぎょうせい、一九九九年。

今井一『住民投票——観客民主主義を超えて』岩波新書、二〇〇〇年。

## 地方税制と自治体／自治体の財政

今井勝人『現代日本の政府間財政関係』東京大学出版会、一九九三年。

佐藤進・宮島洋『戦後税制史』（第2増補版）税務経理協会、一九九〇年。

鳴海正泰『現代日本の地方自治と地方財政』公人社、一九九六年。

新藤宗幸『日本の予算を読む』ちくま新書、一九九五年。

神野直彦・金子勝（編著）『地方に税源を』東洋経済新報社、一九九八年。

神野直彦『財政学』有斐閣、二〇〇二年。

神野直彦・池上岳彦（編著）『地方交付税　何が問題か』東洋経済新報社、二〇〇三年。

池上岳彦『分権化と地方財政』岩波書店、二〇〇四年。

総務省編『地方財政白書』（各年版）国立印刷局。

財政調査会編『補助金総覧』（各年度版）日本電算企画。

## 都市計画

五十嵐敬喜・小川明雄『都市計画——利権の構図を超えて』岩波新書、一九九三年。

五十嵐敬喜・野口和雄・池上修一『美の条例——いきづく町をつくる』学芸出版社、一九九六年。

保母武彦『公共事業をどう変えるか』岩波書店、二〇〇一年。

北原鉄也『現代日本の都市計画』成文堂、一九九八年。

**コミュニティの崩壊と構築**

磯村英一編『コミュニティの理論と政策』東海大学出版会、一九八八年。

西尾勝編『コミュニティと住民活動』(『21世紀の地方自治戦略』10)ぎょうせい、一九九三年。

高寄昇三『阪神大震災と自治体の対応』学陽書房、一九九六年。

坪郷實編『新しい公共空間をつくる』日本評論社、二〇〇三年。

武藤博己編『分権社会と協働』ぎょうせい、二〇〇一年。

大村敦志『生活のための制度を創る——シビル・ロー・エンジニアリングにむけて』有斐閣、二〇〇五年。

**地域保健・医療／地域福祉**

新藤宗幸『福祉行政と官僚制』岩波書店、一九九五年。

神野直彦・金子勝(編著)『住民による介護・医療のセーフティーネット』東洋経済新報社、二〇〇二年。

神野直彦・金子勝編『「福祉政府」への提言』岩波書店、一九九九年。

佐藤進『介護保険運営における自治体の課題』法律文化社、二〇〇三年。

鏡諭『自治体現場からみた介護保険』東京法令出版、二〇〇一年。

星野信也『「選別的普遍主義」の可能性』海声社、二〇〇〇年。

武智秀之『福祉行政学』中央大学出版部、二〇〇一年。

老人保健福祉審議会『高齢者介護保険の創設について』厚生省、一九九六年。

厚生労働省編『厚生労働白書』(各年版)国立印刷局。

総務省編『地方財政白書』(各年版)国立印刷局。

**生涯学習と社会教育**

松下圭一『社会教育の終焉〔新版〕』公人の友社、二〇〇三年。

小川利夫編『生涯学習と公民権』亜紀書房、一九八七年。

平木一雄編『自由時間社会の文化創造』(『21世紀の地方自治戦略』13)ぎょうせい、一九九三年。

**情報公開とプライバシーの保護**

清水英夫編『情報公開と知る権利』三省堂、一九八〇年。

自由人権協会『情報公開はなぜ必要か』岩波ブックレット、一九八八年。

井出嘉憲(編集代表)『情報公開――構造と動態』ぎょうせい、一九九八年。

三木由希子「住民基本台帳の閲覧で問われる自治体責任」(『都市問題』二〇〇五年一二月号)。

北海道新聞取材班『追及・北海道警「裏金」疑惑』講談社文庫、二〇〇四年。

**地域交通**

伊東光晴『経済学は現実にこたえうるか』岩波書店、一九八四年。

今村都南雄編『第三セクターの研究』中央法規出版、一九九五年。

青木栄「特定地方交通線の地域論的意義――新生第三セクター鉄道を中心として」(『運輸と経済』一九八九年一〇月号)。

丸茂新(編著)『都市交通のルネッサンス』御茶の水書房、二〇〇〇年。

宇都宮浄人「路面電車の現状と課題」(『運輸と経済』一九九九年一〇月号)。

今尾恵介「路面電車で「町おこし」は可能か」(『グラフィケーション』第一四〇号、二〇〇五年九月)。

**環境保全**

木原啓吉(編著)『市民の環境・安全』学陽書房、一九八九年。

吉田文和『ハイテク汚染』岩波新書、一九八九年。

山田国広『ゴルフ場亡国論』新評論、一九八九年。

寄本勝美『リサイクル社会への道』岩波新書、二〇〇三年。

米本昌平『地球時代の環境政策』岩波新書、一九九四年。

湯本貴和『熱帯雨林』岩波新書、一九九九年。

村上陽一郎『安全学』青土社、一九九八年。

## 自治体外交／内なる国際化

松下圭一（編著）『自治体の国際政策』学陽書房、一九八八年。

武者小路公秀・長洲一二編『ともに生きる――地域で国際人権を考える』日本評論社、一九八九年。

宮崎繁樹編『現代国際人権の課題』三省堂、一九八九年。

江橋崇『外国人は住民です』学陽書房、一九九三年。

永井浩『アジアはどう報道されてきたか』筑摩書房、一九九八年。

森野美徳（編著）『織部の精神』日本経済新聞社、二〇〇四年。

多賀秀敏「自治体の国際協力」（『自治体の構想3　政策』岩波書店、二〇〇二年）。

大津浩「自治体の補完外交と対抗外交」（『都市問題』二〇〇五年八月号）。

中村桂子「『自治体の平和力』の課題」（同右）。

## NGO・市民運動

初瀬龍平編『内なる国際化』（増補改訂版）三嶺書房、一九八八年。

鷲見一夫『ODA援助の現実』岩波新書、一九八九年。

シャプラニール活動記録編集部『シャプラニールの熱い風』めこん、一九八九年。

岩崎駿介「NGOの挑戦・日本国際ボランティアセンター（JVC）の十年」（『世界』一九九八年一〇月号）。

黒田洋一・フランソワ＝ネクトゥー『熱帯雨林破壊と日本の木材貿易』築地書館、一九八九年。

森川俊考・池田龍彦・小池治（編著）『国際協力の法と政治――国際協力研究入門』国際協力出版会、二〇〇四年。

## ナ　行

## タ　行

## サ　行

# 索　引

新藤宗幸（しんどう・むねゆき）
1946年神奈川県に生まれる．1972年中央大学大学院法学研究科修士課程修了．現在，千葉大学法経学部教授．主著『財政破綻と税制改革』（1989年），『行政指導』（1992年），『福祉行政と官僚制』（1996年），『技術官僚』（2002年），『司法官僚』（2009年，以上岩波書店），『講義 現代日本の行政』（2001年），『概説 日本の公共政策』（2004年），『財政投融資』（2006年，以上 東京大学出版会）．

阿部 斉（あべ・ひとし）
1933年東京都に生まれる．2004年逝去．1963年東京大学大学院社会科学研究科博士課程修了．放送大学名誉教授．主著『概説 現代政治の理論』（1991年），『アメリカ現代政治［第2版］』（1992年，以上東京大学出版会），『政治学入門』（1996年，岩波書店）．

概説 日本の地方自治［第2版］

---

1997年3月19日 初 版第1刷
2011年2月28日 第2版第3刷

［検印廃止］

著 者 新藤宗幸《しんどうむねゆき》・阿部《あべ》 斉《ひとし》

発行所 財団法人 東京大学出版会
代 表 者 長谷川寿一
113-8654 東京都文京区本郷7 東大構内
電話03-3811-8814・振替00160-6-59964
http://www.utp.or.jp/

印刷所 株式会社理想社
製本所 有限会社永澤製本所

---


ISBN 978-4-13-032038-2 Printed in Japan